JN190190

音の教育がめざすものは何か

サウンド・エデュケーションの目標と評価に関する研究

神林 哲平

大学教育出版

はじめに

　1分間、目を閉じて身の回りに耳を傾けてみよう。どんな音が聴こえるだろうか。おそらく、日常では気にとめないような音の存在に気付くはずだ。当たり前のことを改めて捉え直すとき、そこには感性が育まれる。このような音に耳を澄ませる教育プログラムである「サウンド・エデュケーション（音の教育）」は、カナダの音楽家、R. マリー・シェーファーによって開発された。シェーファーは、音楽も身の回りの音も包括的に捉える「サウンドスケープ思想」を提唱した人物でもある。

　本書は、この「サウンド・エデュケーション」の意義を理論・実践の両面から検討し、目標と評価について新たな知見を構築していくことを主眼としている。その内容は、以下に示すような全8章からなる。

　第1章「問題の背景と目的」では、まず現代社会における聴くことの重要性と、その教育的意義について述べる。次に、その教育的意義をより豊かにする方法として、サウンド・エデュケーション、及びその思想的背景であるサウンドスケープ思想について概観する。そして、先行研究に基づいてサウンド・エデュケーションにおける研究課題を明らかにした上で、理論と実践を学際的に融合させた本書の研究の目的を提示する。

　第2章「研究方法」では、目的に照らし合わせた研究方法の選択について論じる。また、学際的な研究における2つの共通理解の枠組み「構造構成的サウンドスケープモデル（SCSM）」及び「構造構成的環境教育モデル（SCEEM）」を提示し、本書では質的研究法としてこの2つの研究法を基盤に進めていくことを示す。

　第3章「サウンドスケープ思想の特質」は、サウンド・エデュケーションの思想的背景であるサウンドスケープ思想の特質について論じた理論面に関する内容である。ここでは、従来の音楽教育に問題意識を持ち、それを乗

り越えようとした2つの方法論、すなわちJ＝ダルクローズの「リトミック」及びシェーファーの「サウンドスケープ思想」について比較する。それらの方向性の共通性や差異から、サウンドスケープ思想の特質を浮き彫りにしていく。

第4章から第6章にかけては、主に実践面について論考したものである。筆者が授業者となっていくつかの視座から実践した事例について考察している。

第4章「環境教育におけるサウンド・エデュケーション」では、環境教育とサウンド・エデュケーションにおける既存の目標を関連付けながら、サウンド・エデュケーションの導入的な実践事例を通して分析を行っていく。ここでは両者の目標に共通点が見いだせることが明らかになるだろう。

第5章「サウンド・エデュケーションから全身感覚へと拡張した環境教育」では、サウンド・エデュケーションから発展的に授業を行った事例について考察する。この実践事例の分析を通して、感性に関する豊かな育ちが示される。

第6章「生活科におけるサウンド・エデュケーション」では、低学年を対象とした教科である生活科における実践事例を通して、豊かな気付きについての考察が展開される。そして、感性の育成に加えて新たな目標が設定できることに言及がなされる。

第7章「目標と評価に関する総合的考察」では、第4章から第6章における授業実践事例の分析を中心に、ここまでの論考を踏まえた総合的な考察を行う。目標については、サウンド・エデュケーションの既存の目標に加えて、「自己肯定感の向上」「他者理解の深化」が設定できることが考察される。そして、新たな目標に応じた評価の枠組みについて検討がなされる。多様性が尊重されるサウンド・エデュケーションに妥当な、柔軟性のある評価の枠組みが構築できるよう論考していく。

最後の第8章「サウンド・エデュケーションの未来」では、本書で示された意義を総括するとともに、今後の展望についても言及する。

　サウンド・エデュケーションが開発されてから、四半世紀が経とうとしている。本書での探究が、その発展に少しでも寄与することができれば、望外の喜びである。

音の教育がめざすものは何か
― サウンド・エデュケーションの目標と評価に関する研究 ―

目　次

第1章
問題の背景と目的

第1節　現代社会における聴くことの教育的意義

　知識基盤社会、多文化共生社会と呼ばれる現代社会において、次代の人材の育成を担う学校教育にはどのような役割が求められるのだろうか。2011年度より実施されている小学校における現行の学習指導要領では、改訂の趣旨として次のことが挙げられている。すなわち、これからの知識基盤社会化やグローバル化が国際競争を加速させる一方で、異なる文化との共存や国際協力の必要性を増大させているという現代的課題の中、知・徳・体の調和の取れた「生きる力」を育むことが重要となっているという点である[1]。基幹教科の時数増加や高学年における外国語活動の必修化がなされたために総合的な学習の時間は削減されたが、生きる力を育むという点では前学習指導要領と同じ方向性であると考えられる。これを踏襲しつつ、2016年12月に答申された中央教育審議会による『幼稚園、小学校、中学校、高等学校及び特別支援学校の学習指導要領等の改善及び必要な方策等について』[2] では、2030年とその先の社会のあり方を見据えながら、子ども達に育てたい姿が次のように示されている。

　　・社会的・職業的に自立した人間として、我が国や郷土が育んできた伝統や文
　　化に立脚した広い視野を持ち、理想を実現しようとする高い志や意欲を持っ

て、主体的に学びに向かい、必要な情報を判断し、自ら知識を深めて個性や能力を伸ばし、人生を切り拓いていくことができること。
・対話や議論を通して、自分の考えを根拠とともに伝えるとともに、他者の考えを理解し、自分の考えを広げ深めたり、集団としての考えを発展させたり、他者への思いやりを持って多様な人々と協働したりしていくことができること。
・変化の激しい社会の中でも、感性を豊かに働かせながら、よりよい人生や社会の在り方を考え、試行錯誤しながら問題を発見・解決し、新たな価値を創造していくとともに、新たな問題の発見・解決につなげていくことができること。3)

　知識偏重型の学力育成に陥ることなく、主体性や感性の育成といった全人的な視座で教育活動を展開することが、これからの社会のあり方を見据えた生きる力を育むためには必要である。

　また、多文化共生社会のように多様な価値観が交錯する現代社会において、こうした多様性を尊重し、共有していくためには、対話をすることが必要不可欠であると考えられる。対話をするにあたっては、自分から一方的に発信するだけでは成立しない。相手の話をよく聴くことを通して他者理解に努め、その意図や内容を的確にくみとって積み上げていくことが肝要である。くわえて、対話という概念を広げて考えれば、その相手は人間の他者だけにとどまらない。例えば本を読むことで自分と内的な省察を行ったり、自然の音を聴くことで畏敬の念を持ったりすることも対話であると捉えることができるだろう。一方では、核家族化、地域力の低下、視覚中心の IT 化などを原因とするコミュニケーション不足が指摘されている。こうした課題を乗り越えるべく、多様な対象との対話が求められるこれからの時代には、聴く力を育てることがいっそう意義のあるものになってくると言えよう。このように、現代社会においては聴くことに焦点を当てた教育や研究は一定の意義があると思われる。

　学際的に音を聴くことを捉える学術団体の１つに、日本サウンドスケープ協会がある。この協会では、上記のような現代的課題への１つの提案とし

て、2001年の協会誌において「音・音楽・生きる力：感性を育むこととサウンドスケープの可能性をめぐって」という特集を組んでいる。その中で山岸は次のように言及している。

> 　現代は、効用性や合理性が重視され、経済的価値が尊重され、機械技術の進歩によって自然の人間化が進み、人間の感性が次第に弱体化し、想像力の衰退が不安な出来事として感じられる時代である。家庭においても、コミュニケーションの希薄化が進み、学校や職場等におけるいじめや学級崩壊、不登校、引きこもり、といった問題や、多岐にわたる環境問題は、深刻な状態で私たちに、人間関係の再考や自然と人間の関係の再考を迫っている。現代社会および現代という時代においては、人々が活気を失い、時代の活力が衰退してきているとの指摘もある。
>
> 　私たちは、こうした時代において、いかに生活に潤いをもたらし、人々の生きる力や、生き生きと世界を感じる力を高めていくことができるのか。[4]

そして、多様な研究と実践を掲載することで、サウンドスケープの方法によって開かれる可能性を模索している。本書はこうした経緯を踏襲しつつ、音の教育である「サウンド・エデュケーション」を主題として取り上げる。現代的課題に応える1つの有効な方法として、このサウンド・エデュケーションの新たな可能性の探究を試みたい。

第2節　サウンド・エデュケーションとその思想的背景

　本節ではまず、サウンド・エデュケーションを生み出した背景である「サウンドスケープ思想」について概観し、それからサウンド・エデュケーションについて言及していくこととする。なお、この思想の特質については第3章で掘り下げて論じていく。

　サウンドスケープ（soundscape）思想は、1960年代から活躍しているカナダの音楽家、R. マリー・シェーファーが提唱した。「音」を意味するsound と、「～の眺め・景」を意味する接尾語 scape との複合語で、「音の

風景」と訳される [5]。サウンドスケープ思想は楽音・非楽音といった今まで
の二項対立的な音楽観を包括的に解消し、音環境全体を捉えることのでき
る概念である。この概念が形成されるにあたっては、『4分33秒』で有名な
ジョン・ケージ、聴覚メディア論を展開したマーシャル・マクルーハンと
いった人物による思想的影響が見て取れる [6]。シェーファーは、世界サウン
ドスケープ・プロジェクトを組織として始動させ、音環境の調査研究を行っ
た。こうした活動を経て、最終的にサウンドスケープはシェーファーらに
よって「個人、あるいは特定の社会がどのように知覚し、理解しているかに
強調点の置かれた音の環境。したがって、サウンドスケープはその個人がそ
うした環境とどのような関係を取り結んでいるかによって規定される」[7] と
定義された。つまり、音の環境を客観的に捉える以上に、主観的に捉えるこ
とに重点が置かれた概念と言えるだろう。サウンドスケープ思想における音
の概念は幅広く、想像した音、内言、夢の音など、非実在的な音も対象にし
ている。あらゆる音を包括的に対象とするためには、第2章で後述する「現
象学的聴取」による基礎付けが有効である。このような理論的基盤により、
自己や他者との対話などにも対象を広げて考察することができる。

　概念成立の背景としては、西洋近代音楽の枠組みからの解放への欲求や
騒音問題への関心、1960年代に北アメリカを中心とする「エコロジー運動」
に代表される環境一般に対する社会的関心の高まりといったことが挙げられ
る [8]。日本においてもサウンドスケープ研究は進んでおり、1993年には前
述の日本サウンドスケープ協会が設立された。それ以降も、音響学、音楽
学、工学、社会学、建築学、哲学、文学など様々な分野からの学際的なサウ
ンドスケープ論が展開されている [9]。

　このようなサウンドスケープ思想のもと、聴覚の復権をめざしてシェー
ファーによって開発されたのが、サウンド・エデュケーションという教育プ
ログラムである。サウンド・エデュケーションは、「身近な環境に耳を傾け
るための〈聴く技術〉の回復と育成のために開発された教育活動の総称、サ
ウンドスケープ思想に基づいた独自のプログラムの総称」[10] と定義されて

いる。日本では課題集が『サウンド・エデュケーション』[11] として 1992 年
（2009 年に新版）に出版され、子ども向けに再構成された課題集『音さがし
の本：リトル・サウンド・エデュケーション』[12] も 1996 年（2009 年に増補
版）に出版されている。サウンド・エデュケーションは全部で 100 の課題
からなり、その内容は序盤に聴覚及び聴覚的想像力に関する課題、中盤に音
づくりに関する課題、そして終盤に社会における音に向けられた課題という
ように大きく 3 つにカテゴリ化できる [13]。また、音楽教育だけでなく、環
境教育や社会教育でも活用できるとされている [14]。

　サウンド・エデュケーションを用いた国内での先行研究や実践としては、
学校教育において石出 [15] や鈴木・鈴木 [16]、地域での社会教育において石
井 [17]、土田 [18] などが見られる。また、類似の実践として星野の「音の環
境教育」[19]、長谷川の「イヤー・ゲーム」[20] も挙げられる。なお、本書にお
いてはサウンド・エデュケーションを「シェーファーが開発した教育プログ
ラム、もしくはその応用」とし、類似のプログラムや実践に関しては別名称
で呼ぶこととする。

第3節　サウンド・エデュケーションの実践を通しての問題意識

　筆者もまた、今までサウンド・エデュケーションの実践を行ってきた。そ
して、実践を重ねる中で、それ以前に思い描いていた自身の教育観と照らし
合わせて、サウンド・エデュケーションの目標に関して問題意識を抱くに
至った。そこで、筆者がサウンド・エデュケーションを知る前までと、知っ
た後の関心について経緯を示すことで、その問題意識を明らかにしたい。こ
こには、第 2 章で後述する「関心相関性」や「構造化に至る軌跡」を示す意
図がある。

　筆者は、大学にて学際的な領域である人間科学を学んだ。在学中には野外
で鳥の調査をしたり、音楽活動を始めたりと当時から音については高い関心
を持っていたと感じる。2004 年に公立小学校教員となった後、2006 年から

は私立小学校教員として勤めることになる。現在でも音には関心があり、「いつでも創造的でありたい」という信条から、指導する学級の歌をつくることもある。

教員については、漫画などでよく描かれる朝礼での校長の長い話、教員が結婚式のスピーチをすると長くなるから頼まない方がよいといったエピソードに見られるように「話が長い」というイメージを持っていた。また、教員になる前に関わっていた子どもから「先生は話を聴いてくれない」と耳にしたことがあった。そのような経緯から、話すよりも聴くことを大切にした教員になろうと決意したのである。そして、教育実習中に指導教諭から「教育とは児童理解だ」という言葉を聴いたことも影響が大きい。そこから、子どもの話を聴くことで児童理解に努めようと考えたのである。

実際に現場で教育活動を展開するようになってから、教員が子どもの話を共感的もしくは受容的に聴くことは自己肯定感を向上させるのに役立つと感じるようになった。「話を聴いてもらえた」ことが「自分の存在を受け入れてもらえた」ことにつながるような、自分自身を肯定的に捉える姿が見られたのである。また、聴き手である筆者にとっては、児童理解に大変役に立った。これは幅を広げれば他者理解の深化ということになろう。このように、教員が聴くことを重視することによって、子どもの自己肯定感を向上させ、他者理解の深化にもつながることへの感触を抱き始めていた。筆者が日々の所感を自由に書き留めているメモには、次のような記述がある（2006年1月18日のメモより）。

　　「話を聞くことの大切さ」（＝自分の軸の一つ）から、教育について語れるようになりたい。具体的に。実践的に。

ここからは、当時は聴くことを大切にしたいという願望を持ちながらも、まだうまく整理できていない様子がうかがえる。

そうした中、教員になり4年目の2007年に私学研修でサウンド・エデュケーションの存在を知るとともに、サウンドスケープ思想の学際性にひか

れ、関心を深めていく。そして、子どもの声を聴くだけでなく、環境音など
の身の回りの音を聴くこともいっそう重視するようになったのである。当初
は環境教育的な視点から、総合的な学習の時間の中で授業を展開していた。
また、聴覚だけでなく全身感覚へと発展させたカリキュラムを実施したこと
もある。実践を通して、子どもの不思議さに驚嘆する心（＝センス・オブ・
ワンダー）から学ぶということを何度も経験した。

　サウンド・エデュケーションは実在的な環境音だけでなく、想像した音や
夢の中の音など非実在的な音事象も対象にしているという点に魅力を感じて
いる。前述のサウンド・エデュケーションの定義に敷衍するならば、「身近
な環境」の概念が広がったとも言えよう。それ以前は、環境というと自然環
境や社会環境などといった物理的環境の印象が強かったが、自分自身や他者
についても広義の「環境」と捉えることができると考えるようになった。

　以上のような経緯から、環境教育的な視点からのサウンド・エデュケー
ションに、自己肯定感の向上や他者理解の深化も目標として考慮に入れられ
ないかという問題意識を抱くに至ったのである。現在は総合的な学習の時間
だけでなく、生活科、学級活動の時間にも実践を行っている。こうしたサウ
ンド・エデュケーションに関する問題意識をもとに、研究の課題と目的につ
いて探っていく。

第4節　目標と評価の枠組み

　本節では、研究の課題と目的の設定に先立って、まず目標と評価に着目す
る理由とこれらの枠組みについて言及する。

　なぜサウンド・エデュケーションの目標と評価に着目したのか。端的に言
えば、それはことに日本の学校教育において、目標と評価が必要不可欠な要
素であるという理由が挙げられる。したがって、今後サウンド・エデュケー
ションを学校教育で活性化していくのであれば、この目標と評価に関する研
究を進展させていくことは避けて通れない問題だと考えたのである。

　それではここで、本書における目標と評価の枠組みについて検討しておきたい。まず、目標について考察する。教育の世界では、類似した言葉に「目的」「ねらい」「めあて」がある。例えば目的と目標に関しては「多くの場合厳密に区別して使用されているわけではないが、一般には前者（目的）が教育活動の全体的最終的な価値と方向性を含んだものとして使用されているのに対して、後者（目標）はその目的を実現するための手段性を含んで目的に至るまでの各段階において順次達成がめざされるものとしてとらえることができ」[21]るという言説がある。教育基本法レベルでは「教育の目的」、学習指導要領レベルでは「目標」といった使われ方をしていることから見ても、目的 → 目標という段階的な構造は妥当であると言えよう。

　目標、ねらい、めあては混在した使われ方をしており、一義的な見解は提示されていないが、本研究では、目標を教科や単元レベル、ねらいやめあてを1時間の授業レベルで捉えることとしたい。その上で、ねらいは授業者視点、めあては子ども視点という区別をすると、目的（教育全体レベル） → 目標（教科、単元レベル） → ねらい（1時間の授業レベル、授業者視点）、めあて（1時間の授業レベル、子ども視点）という段階構造として位置付けることが可能になろう。このような位置付けからすると、サウンド・エデュケーションは学校教育においては、各教科等の単元レベルで取り組まれる学習活動であることから、本書では「目標」について考察していくこととしたわけである。

　ここでさらに押し進めて、目標について具体的な枠組みを定めたい。「一般に『教育目標』は、『内容（何を教えるか）』と『能力（どのような能力が形成されるか）』によって構成されている」[22]という見解を補助線に、前述の「手段性」を付加することでより具体性が増すだろう。つまり、「何を（内容）、どのように学ぶことで（方法）、どのような心情や力が育つ（資質・能力）のか」と枠組みを定めることができるわけである。このように内容、方法、資質・能力を枠組みとして設けることで、より具体的な目標を設定することが可能となる。本書では、このような定義を基盤にサウンド・エデュ

ケーションの目標を論考していきたい。

　次に、評価について探っていく。いわゆる教育評価というと、通信簿に見られるような子どもへの評定[23]が思いうかぶ節もあろうが、田中は、文部省が 1951 年に作成した『初等教育の原理』から教育評価の特徴を整理し、「教師の指導と子どもたちの学習活動（自己評価を含む）の改善をめざす行為である」[24]と規定した。高浦は、教育評価について多角的に検討し、「子どもの学習評価」「授業評価」「教育課程評価」といった様々な側面を見いだしている[25]。そう捉えると、一般的には子どもの学習評価に目が向けられがちであるが、それが中核ではあるものの、教師、授業者にとっての評価というものも見過ごしてはいけない観点であろう。ちなみに、子どもの学習評価の変遷は、戦前の認定評価から戦後の相対評価、そして現在では個人内評価や到達度評価が主流となっている。本書では、基本的に子どもの学習評価を中心に考察を進めていくが、授業実践事例を分析していく上で、それはまた必然的に授業評価にもなる。したがって、「子どもの学習評価」を中軸にしつつ「授業評価」も行うという枠組みで考察を進めていくこととする。

第5節　研究の課題と目的

　本節では、第 3 節の問題意識や第 4 節の枠組みを視野に入れつつ、サウンド・エデュケーションにおける目標や評価に関する記述や先行研究を概観することで、研究の課題と目的を設定する。

　まず、サウンド・エデュケーションの目標についての記述や研究について述べる。第 2 節での定義からすると、「身近な環境に耳を傾けるための〈聴く技術〉の回復と育成」が主な目標であると言えよう。開発者であるシェーファー自身は、前述の課題集では目標について直接的に言及していないものの、主著の『世界の調律』において、サウンドスケープ・デザインに対する教育を行うための最良の方法としてサウンド・エデュケーションを位置付け、この感性を養うための課程を学校に設けることを提案している[26]。

　その他にも、サウンド・エデュケーションに関する目標や意義に言及した実践や研究は国内外でいくつか見られる。国内では力石・土田がサウンド・エデュケーションの目標を整理し、「感性を鍛える」「見落としていた環境に気付く」「生活や行動が変わる」の３点にまとめている[27]。西田は、『世界の調律』にサウンド・エデュケーションのめざすものを求め、沈黙という言葉に着目した。そして、「沈黙をきっかけに、物事をありのままに見ること」[28] によって、普段気付かなかったことに気付くという点に、この活動の意義を求めている。坪能は、創造的音楽学習とサウンド・エデュケーションの関連性を考察し、その発展と変容について言及している[29]。

　一方、国外ではフリード＝ギャロッドが坪能と類似した観点から、「探究と創造」の分野にサウンド・エデュケーションの有効性を見いだしている[30]。Campbell は、音環境への気付きが音楽の本質的な理解を深めるとして、「聴くことの教育（＝ a pedagogy of listening)」を行っている[31]。McGinley は、「ストックホルム・サウンドスケープ・プロジェクト」を行い、その活動が社会的音響事象の気付きを高めるだけでなく、地域のサウンドスケープとの創造的な相互作用を育成することに言及している[32]。このように目標や意義を概観すると、今までのサウンド・エデュケーションの実践においては、「感性」「感受性」「気付き」「創造」といった言葉がキーワードとなっていたことがうかがえる。

　ここで、これらのキーワードの関連について考えたい。まず「感性」について、桑子は科学的な視点を踏まえた上で哲学的に考察し、次のように述べている。

　　ふつう感性とは、「外界から印象を受け入れる能力。感覚に伴う感情や欲望、衝動などを含む」と考えられている。外界からキャッチする情報を「感性情報」といったりする。それは、「快」刺激と説明されることもある。
　　しかし、「豊かな感性」や「するどい感性」という表現には、創造性という意味も含まれている。単なる受動的な能力ではなく、むしろ何らかの能動性をもっているようにも考えられる。

　　本書で、わたしは、感性をこれまでの理解とは別の角度から捉えようと試み
　た。一言でいえば、感性とは、「環境の変動を感知し、それに対応し、また自
　己のあり方を創造してゆく、価値にかかわる能力」である。[33]

　このことから、「感性」と「創造」との関連が見いだせよう。前述のキー
ワードの「創造」は音楽教育にとどまらず、自己のあり方のように広範に捉
えることができる。

　次に、「感受性」について「気付き」と関連付けたい。中田は、現象学的
記述を手掛かりに、日常生活を支えているのにもかかわらず、通常は気付く
ことなく見過ごされている当たり前のこと、すなわち自明性について、感受
性の観点から捉えている[34]。このことから、感受性と「普段気付かなかっ
たことに気付く」こととの関連性がうかがえる。また、「感性」と「感受性」
については類義語として捉えられるが、感受性はともすれば受動的な印象を
与えることもあるため、前述の桑子のように能動的に働きかける場合も考慮
して本研究では「感性」に重きを置きたい。このようにキーワードの関連を
捉えることで、それぞれが「感性」と結び付いていることが考察された。し
たがって、サウンド・エデュケーションの今までの実践においては様々な変
奏があるにせよ、感性の育成を大きなねらいとして設定していたということ
ができるだろう。本書では、以上の議論を踏まえ、感性を「日常では当たり
前になっていて気付かないこと（＝自明性）について、感じたり考えたり価
値付けたりすることのできる創造的な能力」と定義する。

　目標については、以上のような論点に新たなねらいの設定という問題意識
を持ちながら進めたい。具体的には、第 4 〜 6 章の授業実践を通して論考し
ていく。サウンド・エデュケーションで措定されている「感性の育成」とは
具体的にどのような子どもの姿なのか、環境教育との目標の関連性はどうな
のか、現代的課題に応じた新たな目標を設定するならば、そこにどのような
子どもの姿を重ね合わせるのか、目標について検討をしている先行研究と関
連付けながら第 7 章で総合的に考察していくこととする。

　一方で、評価については目標ほど十分に論じられているとは言えず、主題的に扱っている研究は管見の限り見当たらないのが現状である。以下のようなフリード＝ギャロッドによる評価の困難さが指摘されているにとどまる。

　　想像力と創造力は、抽象的な美学分野に属する。行動主義に根ざした政府のガイドラインによるパラメーターでは評価の仕様がないのだ。音楽での想像力や創造力は、もともと質的なものである。行動主義的評価が中心の多くの教育制度には馴染まない。[35]

　ここで言及されている行動主義的評価とは、いわゆる数値による評定の概念と近いと考えられよう。確かに、これはある程度の客観的な基準を必要とする。こうした論点を含めて、サウンド・エデュケーションのような多様性が担保される教育における妥当な評価の枠組みを検討していく必要があろう。すなわち、数値の評定とは異なる枠組みである、パフォーマンス評価、ポートフォリオ評価、ゴール・フリー評価などの質的評価である。

　評価についても目標と同様、まずは第4〜6章の授業実践でその可能性を探っていく。実践を通して構造化されたモデルから評価規準などを捉え、第7章で上記のような多様な質的評価の枠組みと関連付けながら考察していくこととする。

　このように学校教育においては、目標と評価は表裏一体の関係にあり、サウンド・エデュケーションの目標と評価という観点を明示することにより、今後、学校教育に体系的に位置付けることの可能性を開く契機となると考える。そこに研究の独自性が見いだせるだろう。実践事例を通してサウンド・エデュケーションの新たな可能性について模索していきたい。以上を踏まえ、本書では、「音の教育である『サウンド・エデュケーション』の意義を理論・実践の両面から検討し、目標と評価について新たな知見を構築していく」ことを研究の目的とする。

　なお、本書の研究は2つの研究領域に位置付けられる。サウンド・エデュケーションがサウンドスケープの教育的側面であるということから、一方は

サウンドスケープ研究であり、サウンド・エデュケーションが環境教育にも応用されるということから、もう一方は環境教育研究である。とりわけ第3〜6章にかけて、どちらかの領域に定位して論考が進められるが、その研究方法および枠組みについては、次章の第2章で論じていく。

注

1) 文部科学省、『小学校学習指導要領解説：総則編』、東洋館出版社、2008、pp.1-7.

2) 文部科学省、『幼稚園、小学校、中学校、高等学校及び特別支援学校の学習指導要領等の改善及び必要な方策等について』、http://www.mext.go.jp/b_menu/shingi/chukyo/chukyo0/toushin/__icsFiles/afieldfile/2017/01/10/1380902_0.pdf（2017年2月1日アクセス）、2016、p.243.

3) 前掲2（2017年2月1日アクセス）、p.13.

4) 山岸美穂、「特集 感性・想像力・サウンドスケープ：本特集の趣旨をめぐって」、『サウンドスケープ』3号、日本サウンドスケープ協会、2001、pp.1-2.

5) 鳥越けい子、『サウンドスケープ：その思想と実践』、鹿島出版会、1997、p.8.

6) 前掲5、pp.27-47.

7) 前掲5、p.60.

8) 前掲5、p.26.

9) 平松幸三・鳥越けい子・土田義郎・結城正美、「現代社会とサウンドスケープ：第1回座談会『サウンドスケープとの出会い』」、『サウンドスケープ』8号、日本サウンドスケープ協会、2006、pp.1-14.

10) 鳥越けい子、「サウンドスケープ」、日本音楽教育学会編、『日本音楽教育事典』、音楽之友社、2004、pp.393-397.

11) シェーファー、R.M.（著）、鳥越けい子・若尾裕・今田匡彦（訳）、『サウンド・エデュケーション』、春秋社、1992、166pp.（新版、2009、182pp.）

12) シェーファー、R.M.・今田匡彦、『音さがしの本：リトル・サウンド・エデュケーション』、春秋社、1996、145pp.（増補版、2009、161pp.）

13) 前掲11（新版）、p.6.

14) 前掲11（新版）、p.162.

15) 石出和也、「〈環境への音楽〉を志向する音楽教育実践」、『サウンドスケープ』6号、日本サウンドスケープ協会、2004、pp.75-83.

16) 鈴木秀樹・鈴木珠奈、「自然の中で音を聴く」、『騒音制御』31-1号、日本騒音制御工学会、2007、pp.53-55.

17) 石井晧、「サウンドスケープと環境教育」、『日本音響学会誌』52号、日本音響学会、

1996、pp.800-804.

18) 土田義郎、「サウンドエデュケーションの技法：基本的考え方と応用例」、『騒音制御』
31-1号、日本騒音制御工学会、2007、pp.26-30.

19) 星野圭朗、『創って表現する音楽学習：音の環境教育の視点から』、音楽之友社、1993、
207pp.

20) 長谷川有機子、「環境教育イヤー・ゲームの現代的役割」、『サウンドスケープ』3号、
日本サウンドスケープ協会、2001、p.7-9.

21) 柴田義松・山﨑準二（編）、『教育の方法と技術』、学文社、2005、p.70.

22) 田中耕治、「目標達成アプローチ」、日本教育方法学会（編）、『日本の授業研究（下
巻）：授業研究の方法と形態』、学文社、2009、p.74.

23) よく混同されがちな評価と評定については、区別しておく必要がある。評定は評価の
中の一手法で、数値によって評価を行う。評定が話題となるのは狭義の評価の捉え方で、
本来は数値以外の評価もあるということである。

24) 田中耕治、「教育評価」、日本教育方法学会（編）、『教育方法学研究ハンドブック』、学
文社、2014、p.182.

25) 高浦勝義、『指導要録のあゆみと教育評価』、黎明書房、2011、187pp.

26) シェーファー、R.M.（著）、鳥越けい子・小川博司・庄野泰子・田中直子・若尾裕
（訳）、『世界の調律：サウンドスケープとはなにか』、平凡社、2006、pp.20-21.

27) 力石泰文・土田義郎、「サウンド・エデュケーションの構築に関する研究：既往教育プ
ログラムの分類・整理」、『サウンドスケープ』2号、日本サウンドスケープ協会、2000、
pp.9-14.

28) 西田治、「サウンド・エデュケーションの目指すもの：『世界の調律』からの解読」、『音
楽教育実践ジャーナル』17号、日本音楽教育学会、2011、pp.110-119.

29) 坪能由紀子、「創造的音楽学習からみたサウンド・エデュケーション」、『音楽教育実践
ジャーナル』17号、日本音楽教育学会、2011、pp.40-47.

30) フリード＝ギャロッド、J.（著）、今田匡彦（訳）、「カナダでのサウンド・エデュケー
ション：教室のサウンドスケープは今」、『音楽教育実践ジャーナル』17号、日本音楽教
育学会、2011、pp.25-31.

31) Campbell, P.S., "Deep listening to the musical world", *Music Educators Journal vol.92
no.1*, the Music Educators National Conference, 2005, pp.30-36.

32) McGinley, R., "Stockholm Soundscape Project：New Directions in Music Education",
Soundscape: The Journal of Acoustic Ecology vol.2 no.2, World Forum for Acoustic
Ecology, 2001, pp.25-29.

33) 桑子敏雄、『感性の哲学』、日本放送出版協会、2001、p.3.

34) 中田基昭、『感受性を育む：現象学的教育学への誘い』、東京大学出版会、2008、p.10.

35) 前掲30、pp.29-30.

第**2**章

研 究 方 法

第1節　目的に応じた研究方法の選択

　どのような研究であっても、その目的に応じた妥当な研究方法を選択していくことが肝要である。そのためには、研究方法の一長一短を把握するとともに、目的と常に照らし合わせていくことが求められるだろう。本書の研究は仮説生成型の研究であるとともに、サウンドスケープ研究や環境教育研究に位置付けることができる学際的な研究でもある。こうした観点に基づいて、仮説生成型という観点からは質的研究法を、サウンドスケープ研究や環境教育研究という観点からは「構造構成的サウンドスケープモデル（SCSM）」及び「構造構成的環境教育モデル（SCEEM)」を援用する。本節では、質的研究法を選択した意図について量的研究法と対比させながら述べていく。

　心理学や社会学、教育学といった社会科学分野における研究方法として、量的研究法と質的研究法がある。量的研究法は、自然科学的な枠組みから派生した方法で、主に質問紙や統計調査、実験などから演繹的に分析する。仮説検証型の研究に適しており、社会科学分野における多くの研究はこの方法を用いている。

　一方で、「20 世紀の科学主義的な潮流の限界と反省から台頭してきた」[1]のが、質的研究法である。主に語りについての資料や、現場での観察記録などから帰納的に分析する。事象や行為の意味を明らかにしていく場合に適し

ており、いわば「仮説生成型の研究」[2] と言える。また、研究の対象となる「場の自然な理解と一人ひとりの声の差異と類似性を記述することが重視され」[3]、研究者の「場への関与度は高く」[4] なる。

近年、国内でも国外でも、質的研究は目覚ましい発展をとげている。国内においては「2002 年以降、『質的研究』を冠した日本語の書籍が多数出版され」[5] ているのがその証左と言えよう。しかし、重要なのは流行かどうかということではなく、前述のように研究の目的に応じて方法を選択するということである。サウンド・エデュケーションの先行研究から見いだせる課題は、前述のようにその目標や評価の位置付けについてである。このような課題を明確にすることは、新たな仮説を生成することだと考える。また、本書の研究は筆者が授業者であるため、場への関与度は必然的に高くなるという利点がある。こうした観点を踏まえ、本書では質的な方法を用いることとする。

なお、質的研究法においては主観的な側面があるため、客観性や科学性をどのように担保するのかが課題となる。こうした課題を解消するために妥当な枠組みが、「構造構成的サウンドスケープモデル」及び「構造構成的環境教育モデル」である。

第2節　共通理解の枠組み①〜構造構成的サウンドスケープモデル（SCSM）

本書の研究は、前述のようにサウンドスケープ研究に位置付けられるという側面がある。マリー・シェーファーは、この研究を科学、社会、芸術の3者の中間地帯に位置付け、学際的な分野であることに言及している[6]。その一方で、学際的な分野であるゆえに「何でもありの相対主義に陥らない共通の基盤をどのように提示すればよいか」「多様な方法論を科学性の担保も視野に入れてどのように共通理解すればよいか」といった課題が立ち現れてくる。そして、その課題の根底には「根本仮説[7] の共役不可能性」と「自然

的態度」という2つの原因がひそんでいるのである。前者については、例えば量的研究法であれば客観主義や実証主義といった認識論に依拠しており、質的研究法であれば社会的構築主義や物語論といった認識論に依拠している。ここでは、それぞれの認識論は絶対的なものではなく根本仮説にすぎないのである。しかしながらその仮説が前提となっているため、互いの認識論は共存することができない。これが、「根本仮説の共役不可能性」という問題である。後者の「自然的態度」は、自分の依拠する前提を絶対的なもの、もしくは真理として自然に捉えてしまっているという態度を指す。自分の前提に疑いがないため、異なる前提を持つ他者と議論する際に「相手が間違っている」と結論付けるようなことになってしまうのである。これら2つに起因する課題を原理的[8]に解決できなければ、異なる学問間での信念対立[9]や相互不干渉につながる懸念が生じてくるだろう。したがって、サウンドスケープ研究のさらなる発展には、学際的な分野であるゆえの課題を原理的に解決していくことが求められる。こうした課題を解消し、多様な学範が原理的に共通理解できるような汎用性の高い概念として定式化されたのが、「構造構成的サウンドスケープモデル（Structure-Construction Soundscape Model＝SCSM）」である。

　SCSM は、学問間の信念対立を調整、解消することを目的として提唱された「構造構成主義」[10]をバックグラウンドとして援用している。構造構成主義は、その目的に照らして、デカルトの方法的懐疑、ニーチェの戦略的ニヒリズム、ソシュールの一般記号学、フッサールや竹田青嗣の現象学、池田清彦の構造主義科学論といった過去の思想のエッセンスを継承しつつ体系化されたメタ理論である[11]。なお、この原理は、必ずしも全体を援用する必要はなく、一部をツールとして使うことも可能となっている。したがって構造構成的サウンドスケープモデルでは、課題の根底にある共役不可能性と自然的態度を解消し信念対立に陥る可能性を低減するために、構造構成主義のツールの一部である「現象学的思考」（そこから後述の「現象学的聴取」を定式化する）を、何でもありの相対主義を回避するという観点から「関心

相関性」を、科学性を担保するために「構造主義科学論」「構造化に至る軌跡」「アナロジー的思考による一般化」を選択的に組み込んでいる。これらのツールについて、以下に示していく。

「現象学的思考」における「現象」とは、「自分に立ち現れた経験の全て」である。現象を出発点とすることで外部にある実在物も、夢や幻想といった非実在物も原理上は共役可能となるのである。こうした原理性の高さから、現象はこれらの根本仮説より上位概念に位置付けられる。よって、客観主義や社会的構築主義といった従来ならば相容れない認識論を共役可能にすることができるのである。また、この現象学的思考は自然的態度に陥らない方法でもある。それは、「判断中止」と「還元」という一連の過程による。判断中止とは、立ち現れている現象（信念や確信）を一度括弧にいれる行為のことである。還元とは、立ち現れている現象が、「どのように与えられているか」という「その与えられ方」へ反省を加える態度である [12]。この判断中止と還元によって自然的態度による批判は生じず、不毛な信念対立は回避されることになるのである。

この現象学的思考をサウンドスケープ研究に援用させたのが、「現象学的聴取」である。聴取を現象として捉えると「自分に立ち現れた聴取という経験の全て」ということになる。現象学的聴取は、楽音や環境音といった実在的な音事象も、想像した音や夢の中の音といった非実在的な音事象も、立ち現れた経験（現象）という意味では疑うことができないとする概念装置で、包括的に音事象を扱える枠組みである。ある現象に対して確信が成立する構造や条件について、意識作用と意識内容の相関関係や志向性を中心に分析することが可能な原理でもある。

なお、現象学〜実存主義の系譜にはフッサール、ハイデガー、サルトル、メルロ＝ポンティなどが挙げられるが、それぞれの思想には個人間で相異が見られる。また、時期によって個人内でも思想が変容している。したがって「現象学的」といっても、誰のどの時期の現象学に依拠するかによって見解が異なってしまう危惧がある。こうした危惧を避けるために、どの現象学

に依拠するかを明確にしておく必要があるだろう。構成構造主義で援用され
ている現象学は、『ヨーロッパ諸学の危機と超越論的現象学（危機書）』の記
述を中心としたフッサール現象学と、竹田青嗣現象学を基盤としている[13]。
その理由としては、構成構造主義の「信念対立の克服」という目的を達成す
るために妥当な方法であると判断されていることが挙げられる。多様な学範
が存在するサウンドスケープ研究において、この目的と方法については相応
の価値があると判断し、SCSM でもこの観点に立脚しているのである。

　これを出発点すれば、外部世界の実在性を前提とした認識論が根本仮説
である機械論的環境観から量的な測定によって分析された音環境も、外部世
界の実在性を前提としない認識論が根本仮説である意味論的環境観から解釈
学的に意味付けられた音環境も、「現象＝立ち現れた聴取という経験」とい
う視座から原理的に一元化される。そのメタ性から、多様な学問間での共通
の基盤となりうるのである。現象学的聴取を出発点とすることで多様な認識
論や方法論が共役可能となる。よって、認識論的・方法論的多元主義も論理
的に担保されることとなる。認識論的・方法論的多元主義が担保されたこと
で、トライアンギュレーション（方法論的複眼）も効果的に活用できるよう
になるのである。今までトライアンギュレーションは、異なる認識論・方法
論の共役不可能性から論理的には矛盾している中で用いざるをえなかった。
しかし、現象学的聴取を出発点とすることで、ある音環境について量的なア
プローチと質的なアプローチが共役可能となることが論理的に担保されるの
である。また、現象学的聴取に含まれる判断中止と還元によって、「相手は
機械論的環境観が正しいという信念を持っており、自分は意味論的環境観が
正しいという信念を持っているのだが、その是非は一度置いておいて、自分
はなぜ意味論的環境観が正しいという信念に至ったのか、相手はなぜ機械論
的環境観が正しいという信念に至ったのか考えてみよう」という態度が生じ
てくることが期待される。

　「関心相関性」とは、「存在・意味・価値は主体の身体・欲望・関心と相
関的に規定される」[14]という原理である。この原理は、存在・意味・価値が

「関心」と「相関する」ということを述べているが、決してその関心の「方向性」や「目標」を定めているものではない。方向性や目標を定めた概念は、根本仮説的な性質を有することになるからである。したがって、「相対的に根本仮説的性質を帯びていないという意味で、懐疑に耐える原理性を備えている」[15]。この原理を具体的に援用すると、「自分はサウンドスケープ思想に関心があるため包括的に音環境を捉えることが正しいという価値観に至ったが、相手は近代西洋音楽に関心があるため楽音と非楽音という捉え方が正しいという価値観に至ったのだろう」というように自他の関心を可視化することができる。

　そして、自分の関心は一度置いておくことで、相手の関心に応じた建設的な議論に結び付けることができ、不毛な信念対立は回避されるのである。自然的態度に陥らないという点では、判断中止や還元とも親和性がある概念である。研究においては、研究者の関心（目的）と照らし合わせて方法論を選択することになるが、構造構成主義ではこれを「関心相関的選択」と定式化している。この観点からすると、研究者が前提としている認識論・方法論は絶対的なものではなく、かといって相対的で等価なわけでもなく、目的に応じて関心相関的に選択されたということになる。そして、研究成果はその目的を達成するためにとられた方法が「正しかったか」ではなく「妥当であったか」という観点で評価がなされることとなる。このように関心相関性の援用によって研究者の関心や目的を明確にしておくことで、何でもありの相対主義を回避でき、不毛な議論が建設的なものになる理路が開かれるのである。

　「構造主義科学論」は、科学性を担保する原理である。これによると、科学は真理の追求ではなく「観察可能なもの（見えるもの＝現象）を不変の同一性（見えないもの＝形式）によって[16]」記述することである。観察可能なものは、一般的には外部世界に実在するものと考えられがちであるが、構造主義科学論ではこれを「現象」としたところに特質があると言えよう。そうすることで根本仮説である外部世界の実在性を前提としなくても、科学は成立するということを示しうるわけである。外部世界の実在性を前提とせ

ず、現象を出発点にするという観点に着目した西條は、多様な立ち現れ方を
する「意味」領域も含まれる人間科学に構造主義科学論を援用し、その科学
性を担保した[17]。サウンドスケープ研究もまた、意味領域が扱われる分野
である。構造主義科学論を援用することによって、一般的には主観的と言わ
れる意味領域やその方法の1つである質的研究法においても、科学性を担保
することが可能となるのである。

　「構造化に至る軌跡」や「アナロジー（類推）的思考による一般化」でも、
広義の科学性は担保される。構造化に至る軌跡とは、条件統制ではなく、
「条件開示」を基礎に据えることである。この場合、条件統制も「このよう
に条件を統制した」という条件開示の一種ということになる。量的研究でも
質的研究でも同様で、構築された構造（知見）は、どのような関心や目的を
もつ研究者が、何を対象とし、どのような観点からどのようにデータを収集
し、どのような視角からどのように分析をして、それにどのような視点から
考察を加えた結果得られたものなのかといった諸条件を開示していくのであ
る。条件開示をすることで、現場で提起された構造も、特定の条件下で構成
された構造であることを踏まえたうえで、活用できる可能性を残すことにな
る。これによって構造を提起する過程において下されてきた判断や決定を
吟味し、その知見の有効性や射程を判断する筋道が確保されるのである[18]。
構造化に至る軌跡では、特定の条件下という点において関心相関性が組み込
まれていることにも留意したい。

　アナロジー的思考による一般化とは、「『類似性』『構造』『目的』の3つの
アナロジーの原則を活用した一般化」[19] である。まず、「類似性」の制約を
満たすためには、知見を得るまでの過程を明示化しなければならない。これ
は構造化に至る軌跡を開示することが該当する[20]。「構造」の制約を満た
すためには、類推可能な範囲を判断できるような図式化が重要となってく
る[21]。また、「目的」は、「何かを理解しよう」という目的（動機）が生じ
た時に、アナロジーが働くというものである。研究という行為においては自
然と満たされることになる。例えば本書の研究では「サウンドスケープ研究

の学際性ゆえの課題をどのように解決するか」という目的が生じた時に、「学際性」という言葉からアナロジーが働き、人間科学の学際性ゆえに生じる信念対立を解消するための理路である構造構成主義と結び付いたわけである。アナロジー的思考による一般化でも、その過程において関心相関性が組み込まれているのがわかるだろう。

　最終的にサウンドスケープに関する現象を記述するための構造を構成する。このようにバックグラウンドとして構造構成主義を位置付け、サウンドスケープ研究における原理的な共通理解を目指したメタ理論が「構造構成的サウンドスケープモデル（SCSM）」として定式化された概念である（図2-1）。

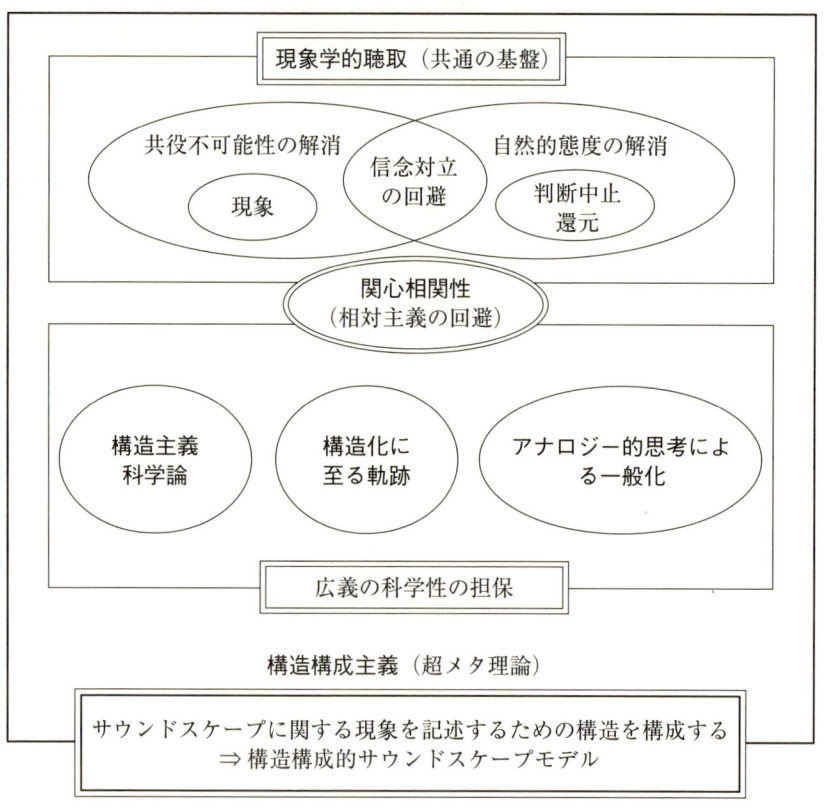

図2-1　構造構成的サウンドスケープモデル（SCSM）

　以上のように、学際的な研究で共通理解を図るための枠組みとして、また主観的になりがちな質的研究法で科学性を担保するための枠組みとして、SCSM は妥当な原理となる。本書ではサウンドスケープ研究という側面から、このモデルを援用することとした。

第 3 節　共通理解の枠組み②～構造構成的環境教育モデル（SCEEM）

　本書の研究は、サウンドスケープ研究の側面を有しているとともに、環境教育研究としても位置付けられる。そして、環境教育研究もまた学際的な領域であり、様々な分野との関連が見られる。日本における環境教育は、公害教育と自然保護教育をその源流としつつ、各教科教育、社会教育、科学教育、野外教育、食農教育、国際理解教育といった隣接諸分野と相互に影響しあいながら発展してきた[22]。近年では、ESD との関連を検討した研究が多く行われている[23]。

　こうした中で、内容論としては、環境教育の連続・非連続性が核心課題として挙げられている[24]。研究の方法論に関しては、例えば同じ野外教育の研究であっても、量的手法を用いて分析する研究者と質的手法を用いて分析する実践者というようにそれぞれ異なる視点をもつ場合、共通理解を図ることは課題となることがある。特に、環境教育は科学教育とも関連しているため、一定の科学性を担保することも求められるだろう。内容論、方法論の基盤となる理論的枠組み（パラダイム）に関しても課題が見られる。環境教育のパラダイムとしては、実証主義（環境についての知識）、解釈主義（環境の中での活動）、批判主義（環境のための行為）が挙げられる[25]。そうした状況では、各パラダイム間での論争に発展する可能性がある。このような課題の解決にあたっては、例えば、多様な価値観を共通理解の一般化された枠組みとして認め、絶対唯一の普遍性ではない緩やかな学的枠組みづくりを目指すことが必要であるとの提案[26]もある。

　このような背景から、学際的な領域である環境教育においては、内容論、方法論、くわえてその基盤となるパラダイム論それぞれにおいて課題があることが明らかとなった。そしてそれらの課題の根底にもまた、SCSMで触れた「自然的態度」と「共役不可能性」といった要因がひそんでいると考えられよう。それらの課題を解消し、科学性を担保した環境教育における原理的な共通理解を図るために構築されたメタ理論が、「構造構成的環境教育モデル（Structure-Construction Environmental Education Model＝SCEEM）」である。この原理もまた、構造構成主義を援用している。SCEEMではその目的に応じて、構造構成主義から「現象学的還元」「関心相関性」「構造主義科学論」「構造化に至る軌跡」といった概念を援用し、メタ理論を構築した。SCSMと重複する概念もあるが、その射程には差異があるため、それぞれについて言及していく。

　「現象学的還元」は、研究における共通の基盤としての戦略的な出発点となる概念である。根本仮説的な前提に依拠しないため、元来は相容れることのできなかった環境教育における実証主義、解釈主義、批判主義といった認識論（パラダイム）が一元化され、共役可能となるのである。そして、自然的態度による自分の信念を戦略的に一度括弧に入れ、その確信が成立している条件や構造を考えることによって共役不可能性と自然的態度が解消され、不毛な信念対立も回避できる可能性が高まる。

　「関心相関性（関心相関的選択）」では、研究の目的に応じて内容、方法を選択する。関心（目的）が可視化され、共有された上ならば、例えば環境教育の内容論において連続性を前提とする場合でも、前提としない場合でも建設的な議論が可能になるだろう。

　「構造主義科学論」「構造化に至る軌跡」では、広義の科学性を担保する。これらの概念は、SCSMと同様に機能するものである。

　最終的に環境教育に関する現象を記述するための構造を構成する。このようにバックグラウンドとして構造構成主義を位置付け、環境教育研究における原理的な共通理解を目指したメタ理論が「構造構成的環境教育モデル

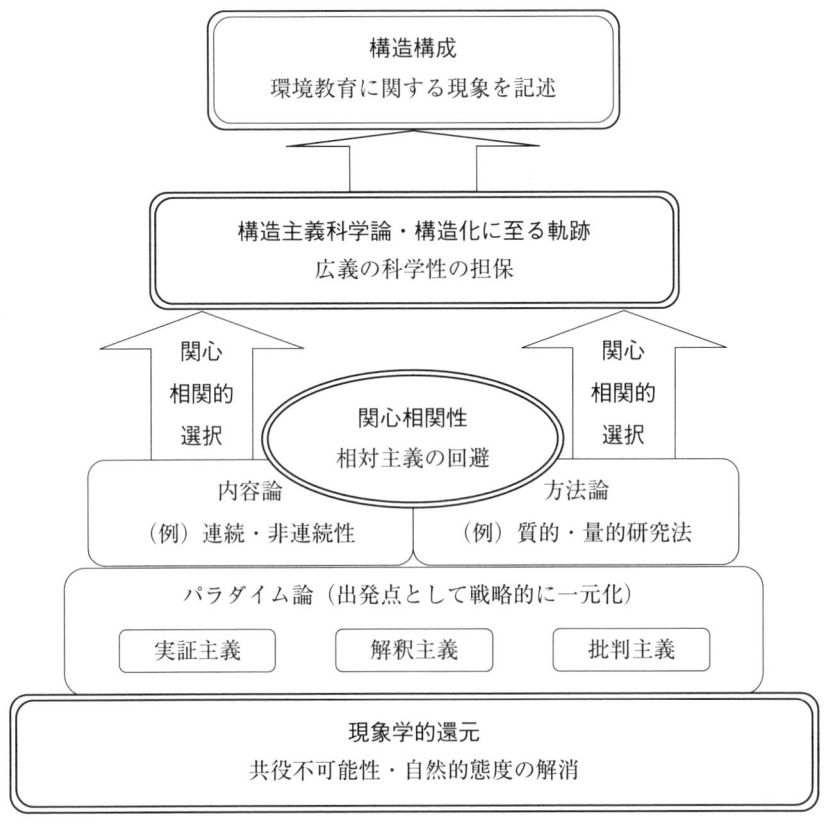

図 2-2　構造構成的環境教育モデル（SCEEM）

（SCEEM）」として定式化される概念である（図 2-2）。

　以上のように、SCSM と同様、学際的な研究で共通理解を図るための枠組みとして、また主観的になりがちな質的研究法で科学性を担保するための枠組みとして、SCEEM は妥当な原理となる。環境教育研究という位置付けから、本書ではこのモデルも援用することとした。次章以降は、その目的に応じて SCSM もしくは SCEEM を方法的な基盤として論考を進めていく。

注

1) 西條剛央、『質的研究とは何か：SCQRM（スクラム）ベーシック編』、新曜社、2007、p.24.

2) 前掲1、p.23.

3) 秋田喜代美・能智正博、『はじめての質的研究法：教育・学習編』、東京図書、2007、p.9.

4) 同上.

5) フリック、U.（著）、小田博志（訳）、『質的研究入門：〈人間の科学〉のための方法論』、春秋社、2011、p.i.

6) シェーファー、R. M.（著）、鳥越けい子・小川博司・庄野泰子・田中直子・若尾裕（訳）、『世界の調律：サウンドスケープとはなにか』、平凡社、2008、p.26.

7) ある認識論の前提となっている条件が絶対的なものではなく仮説的であること。

8) 本研究においては、「原理」を「個々人が論理的に検証した上で、納得せざるをえない考え方」と定義したい。

9) 互いの異なる考え（信念）のために対立構図ができてしまうこと。

10) 西條剛央、『構造構成主義とは何か：次世代人間科学の原理』、北大路書房、2005、251pp.

11) 池田清彦・上田修司・西條剛央、「21世紀の思想のあり方」、『現代のエスプリ』475号、至文社、2007、pp.7-32.

12) 前掲10、pp.41-45.

13) 前掲10、pp.22-30.

14) 前掲10、p.53.

15) 前掲10、p.69.

16) 池田清彦、『構造主義科学論の冒険』、講談社、1998、p.14-15.

17) 前掲10、pp.130-133.

18) 西條剛央、「メタ理論を継承するとはどういうことか？：メタ理論の作り方」、『構造構成主義研究1：現代思想のレボリューション』、北大路書房、2007、p.18.

19) 前掲10、p.166.

20) 前掲10、pp.164-165.

21) 前掲10、p.165.

22) 降旗信一、「特集 環境教育学の構築をもとめて：学会20年の到達点と展望（1）」、『環境教育』41号、日本環境教育学会、2009、p.52.

23) 阿部治、「プロジェクト研究『持続可能な開発のための教育』：経緯と成果概要」、『環境教育』44号、日本環境教育学会、2010、p.4-5.

24) 降旗信一、「環境教育研究の到達点と課題」、『環境教育』43号、日本環境教育学会、

2010、p.76-87.

25） Robottom, I. and Hart, P., *Research in environmental education: Engaging the debate*, Deakin University, 1993, 81pp.

26） 小澤紀美子・鈴木善次・川嶋直・木俣美樹男・高城英子・田邊龍太・谷口文章・山田卓三・渡辺隆一、「座談会 過去に学び、今を知り、未来を探る：日本環境教育学会の20年から」、『環境教育』41号、日本環境教育学会、2009、pp.53-67.

第**3**章
サウンドスケープ思想の特質

第1節　新しい音楽教育の動向と音楽（教育）観

　本章では、「従来の音楽教育の超克を目指した方法論」というモチーフから、サウンドスケープ思想の特質について浮き彫りにしていく。そうすることで、サウンドスケープ思想の教育的側面であるサウンド・エデュケーションにもこの特質を敷衍することができるだろう。

　アクティブ・ラーニングに象徴される教育改革が現在の日本では進められているように、どの時代においてもその当時の教育に対して課題を見いだし、乗り越えようとする動向が見られる。こうした教育を変革する提言は、国家規模から民間団体、個人の教育者まで、多様な水準でなされてきた。また、それは教育全体だけでなく、特定の教科や領域に焦点化されることもある。音楽教育もしかり、今まで多数の音楽家、教育者が従来の音楽教育を超克すべく新しい方法論を生み出してきた。

　明治以降の日本における音楽教育は西洋近代音楽を中心に進められてきたが、近年では世界のあらゆる音楽が包括的に導入されている。斎藤・平田・降矢はこのような動向を踏まえつつ、「国際的に見ても、ダルクローズ、コダーイ、オルフ、最近では、シェイファー、ペインターとアストンなどによって、新しい音楽教育が提唱され、各国の音楽教育に影響を与え」[1]ていると指摘した。この新しい音楽教育は、いくつかの枠組みで捉えること

が可能である。例えば、山野・岡林・鷹木は、感性教育の系譜という観点から J =ダルクローズ、コダーイ、オルフ、シェーファーを取り上げている[2]。また、Sousa は、文化間コミュニケーションのツール、もしくは方法論としての音楽の役割について考察し、J =ダルクローズ、オルフ、コダーイ、シェーファーらの重要性を強調した[3]。創造的音楽学習の枠組みでは、野波・池上がこの系譜にペインター、オルフ、セルフ、シェーファー、J =ダルクローズ、コダーイらを位置付けた[4]。創造的音楽学習の方法として有効な手段の1つである即興演奏においては、Hickey がオルフ、J =ダルクローズ、シェーファーについて言及している[5]。

　新しい音楽教育においては、それぞれの方法論の比較研究が行われている。チョクシー[6] のように複数の方法論を対象にする場合もあれば、前述の野波、池上[7] のようにオルフとシェーファー、セルフとコダーイ、ペインターと J =ダルクローズとでそれぞれ比較する場合もある。本章ではこうした比較研究の観点から、J =ダルクローズとシェーファーを対象とする。先行研究においては、両者がそれぞれ提唱したリトミックとサウンドスケープ思想に着目した野上[8] や外谷[9] といった論考が見られるが、シェーファーが直接 J =ダルクローズに言及した文献を対象の一部とした比較研究は管見の限り見当たらない。ここに、研究の意義が見いだせよう。

　また、先行研究では例えば「即興演奏」「聴くこと」といった特定のキーワードや視点を設けることで、考察を深めている。そのように掘り下げて論じていくために、本研究では「本質知と行動知」「アポロン的音楽観とディオニュソス的音楽観」という2つの音楽（教育）観を軸として用いたい。この2つを組み合わせ、2軸4象限で構造化することは研究の独自性となりうるだろう。

　本質知と行動知は、1980年代にアメリカで活発に議論がなされた音楽教育哲学における中心的課題であり、本質知は「美的音楽教育」に、行動知は「プラクシス（実践）的音楽教育」に該当する。それぞれの音楽教育観については、梶田が「ベネット・リーマーの掲げる美的音楽教育は1980年代

のアメリカで支配的な音楽教育観となったものであるが、音楽至上主義とも言えるこの教育観は、美的経験こそが音楽教育の目指すものであるとするもので、そのためには音楽の構造理解こそが必要であるとの立場である。これに対して音楽が社会の中で何らかの意義を持っているとの立場に立ったのがディヴィッド・J・エリオットのプラクシス的音楽教育である。これは音楽の実用性を指すものではなく、個人の目的に応じた『正しい行為』としての音楽との関わりを指している」[10] とまとめている。このような音楽教育観に関する視座を分析枠組みの一方の軸とする。

　アポロン的音楽観とディオニュソス的音楽観は、ニーチェが『悲劇の誕生』[11] で説いた「アポロン的」「ディオニュソス的」という芸術創造の類型がその源流となっている。シェーファーは直接ニーチェに言及しているわけではないが、主著の『世界の調律』[12] の中でこれらの音楽観について述べている。それによると、アポロン的音楽観における音楽は「ユートピアや『天体のハーモニー』といった超越的な世界観と関連した精密な、静かですみわたった、数学的なもの」[13] であり、一方ディオニュソス的音楽観における音楽は「不合理で主観的なものである。音楽はテンポの揺らぎ、強弱の陰影、調性の色彩の違いといった様々な表現方法を用いる」[14] とされている。こうした音楽観に関する視座を分析枠組みのもう一方の軸とする。

　以上を踏まえ、本章では J＝ダルクローズとシェーファーが「従来の音楽教育についてどのような方法で乗り越えようとしたのか」を比較するとともに、シェーファーの文献に直接記述されている J＝ダルクローズの影響について検討し、「本質知と行動知」「アポロン的音楽観とディオニュソス的音楽観」といった視座から2軸4象限で構造化することを目的とする。

第2節　歴史的アプローチと比較的アプローチの混合的研究

　本書の研究はサウンドスケープ研究に位置付けられることから、SCSM
を方法的基盤に据え、質的データである文献資料を対象とした質的研究法を
用いる。教育研究における質的研究法は、歴史的アプローチ、解釈学的アプ
ローチ、現象学的アプローチ、批判的アプローチ、比較的アプローチ、開発
的アプローチ、規範的アプローチに分類される[15]。本章では、当時の教育
動向が読みとれる文献資料から事実を提示し、そこに解釈を加えて新たな知
見を生み出すという点で歴史的アプローチを、それぞれの教育方法を共通の
分析枠組み（「本質知と行動知」「アポロン的音楽観とディオニュソス的音楽
観」）から対比して論考を進めるという点で比較的アプローチをとる。2つ
のアプローチによる混合的な質的研究と位置付けたい。

　研究対象としては、J＝ダルクローズの『学校音楽教育改革論』[16]、およ
びシェーファーの『教室の犀』[17]を中心に取り上げる。両者ともに広範な文
献資料があるが、本章で対象とする文献は、共通項としてどちらも音楽教育
が主題となっていること、またリトミックとサウンドスケープというそれぞ
れの中心的な概念がある程度形成された数年後の著作であることが選定の
理由である。J＝ダルクローズは1901年にリトミックの実践研究をはじめ、
その4年後の1905年に40歳で『*La réforme de l'enseignement musical
à l'école*（学校音楽教育改革）』[18]を報告としてまとめ、1920年に『学校音
楽教育改革論』として出版している。

　一方シェーファーは、1969年の著書でサウンドスケープについて提唱し、
その6年後の1975年に42歳で『教室の犀』を著している。シェーファー
はこれ以前に4冊の音楽教育冊子を発行しているが、「前の4つ──『教室の
作曲家』『耳のそうじ』『あたらしい音風景』『ことばがうたうとき』──は実
験的だった。このシリーズの結論としては、もっとかんがえて、以前の小冊
子でやったことの理由をあきらかにするべきだとおもわれた」[19]というよう

に一定の体系的な内容になっているということも選定の理由として大きい。両者とも、偶然にも35歳前後で中心的な概念がある程度形成されたということは興味深いが、それについての考察はまた別の機会にゆずりたい。本章では音楽教育に焦点化し、従来の音楽教育をどのように超克したのかという目的に応じて論考を進めることとする。

　図3-1は、上記の枠組みを本章の研究に具体的に援用したモデルである。研究目的に応じて歴史的アプローチ及び比較的アプローチによる混合的な質的研究法を関心相関的に選択する。中心的な研究対象についても音楽教育に焦点化するという視点で関心相関的に選択し、現象学的聴取を「J＝ダルクローズとシェーファーにとって立ち現れた聴取という経験」として位置付けた。こうして、従来の音楽教育をどのように超克したか対比的に考察していくという一連の展開を構造化に至る軌跡として条件開示しながら、最終的な構造化を図ることとする。

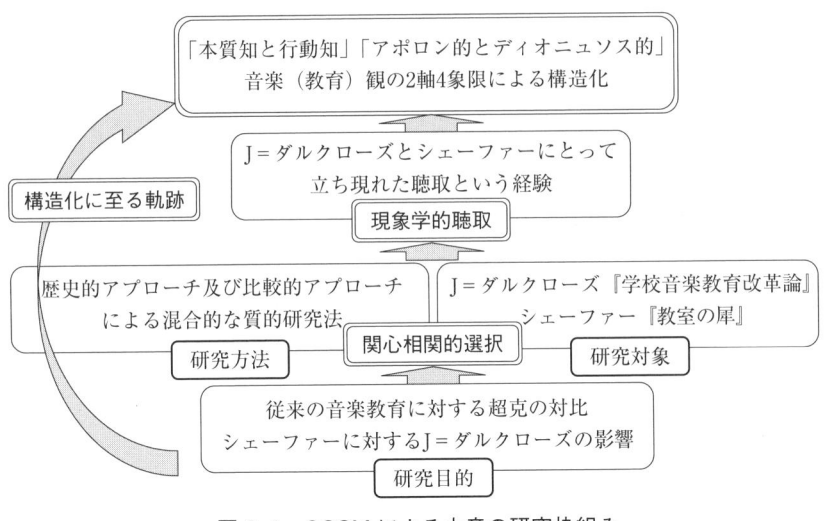

図3-1　SCSMによる本章の研究枠組み

第3節　従来の音楽教育について

　従来の音楽教育とは、端的に言えば西洋近代音楽を土台にしたものである。西洋において「音楽は、言葉の表現を助けるものとして存在した時代、宗教のために存在した時代、教会と貴族による政治のための時代」[20] といった流れを経て、19 世紀後半から「美的」な価値をもつようになってきた。音楽そのものに価値を求めるという意味で「本質知」であり、20 世紀初めに表現主義が台頭するまで有力であったロマン主義の音楽に象徴されるように「ディオニュソス的」でもある。そして、今日の日本にも大きく影響を及ぼしているように、両者の時代にもある意味で伝統的な音楽語法として長い間受け継がれてきた。それは、「本質知」と「ディオニュソス的」という特質をもつ音楽（教育）観が一定の妥当性を有していたということだろう。

　このような従来の音楽教育を J = ダルクローズとシェーファーはそれぞれどのように捉えているのだろうか。J = ダルクローズの『学校音楽教育改革論』における記述では、音楽教育の指導体制について「わが国の音楽教育が達成されて当然の成果をあげていないのは、学校当局が、型にはまった教え方と視学官たちに学習の統制を任せっきりにしているからである。（中略）音楽教育の分野では、遙か昔からの長い期間、いかなる原理原則の革新も提起されていない」[21] と批判がなされている。音楽教育が型にはまった教え方、つまり「形式的」な指導にとどまっていることを示していると言えよう。

　一方、シェーファーはどうだろうか。『教室の犀』では音楽教育についての意見として「音楽は美術や文芸創作など、あらゆる創作活動のように、何よりも表現課目です。そうであるべきだということです。ところが、理論、技術、暗記などを強調するあまり、それは知識獲得の方になってしまっています」[22] と述べている。いわゆる「技術中心主義」への批判である。J = ダルクローズも技術中心主義への問題意識が独自のアプローチを生み出すきっかけになったように [23]、これは当時の音楽教育の問題点として共通してい

るところである。70年にわたる時間の開きや国の違いにもかかわらず、こうした技術中心主義への傾倒は根強いものがあるのだと考えられる。

　このように従来の音楽教育は「本質知」と「ディオニュソス的音楽観」を特質としており、音楽（教育）観としては一定の妥当性があると思われるが、方法論としては「形式的」で「技術中心主義」に陥ってしまっていたことがうかがえる。

第4節　J＝ダルクローズの音楽（教育）観と方法論

　『学校音楽教育改革論』の土台となった『*La réforme de l'enseignement musical à l'école*』が著された1905年は、20世紀初頭の新教育運動と概ね時代が合致する。当時のスイスでは国民学校が制度として設けられていたが、「1900年代前半は、あらゆる領域でしかも多様な形で国民教育が検討の対象として特徴づけられる」[24)]というように改革の気運が高まっていたと言えよう。そうした背景のもとで、J＝ダルクローズは独自のアプローチを考案していったというわけである。

　J＝ダルクローズの音楽（教育）観は、例えば「生の芸術的要求を満たし、もって生まれた能力が、正しく理論に基づいて育成され、発揮できる音楽教育を受けていること」[25)]からは「本質知」が、「人々が、喜びや悲しみを歌で表現する時代が、再びよみがえるであろう」[26)]ということからは「ディオニュソス的音楽観」が読み取れる。そうした意味で、西洋近代音楽を土台とした音楽（教育）観を基調としていたと考えられる。しかしながら前述のように従来の音楽教育に「形式的」「技術中心主義」といった方法上の課題を見いだし、「適格な、あるいは内容豊かな指導方針」[27)]をもって展開する必要性を主張したのである。

　その1つが「聴くこと」であると言える。例えば、「楽器の練習というのは、『少なくとも』3〜4年はソルフェージュとリズムの教育に先行されるべきであり、その後、その教育は器楽の教育と並行して続けられるべきであ

る」[28] という指摘が真に教育的な内実を達成する手段の１つということになろう。また、絶対音感を学習によって習得させるのは困難であるものの、相対音感を創り出すことはできると主張する。そして、「聴覚の流れの中にそれと気づかず営まれる推量の果てしない循環が出現せねばならない。この推量を誘発し、相互に連結させるさまざまな方法こそが、すぐれた音楽教育法の自然な基礎を形作るのである」[29] と記述している。

　もう１つは、指導者に関する提案である。J＝ダルクローズは「専門家の手に任ねられることが必要不可欠である」[30] ことを述べた。専門家に求められる資質や能力についても、いくつか明示されている。例えば、「教師は、必ず、正常な聴感覚をもち、音楽の実践活動に経験を積んでいて、声の出し方の諸法則をわきまえていなければならない。歌の勉強をしてきて、呼吸や発音、発声に関わる諸原理を熟知し、子どもの声の声域について専門的な知識をもっていなければならない」[31] ことや「音楽教師は、その生徒たちの心の中に、美を感じる気持ちを呼び覚ますよう努めなくてはならない」[32] といったことが挙げられている。これらのように、教育者が専門性を発揮して指導に当たることが肝要だと主張しているのである。

　次に、具体的な方法として前述の「聴くこと」に加えて「リズム」「即興演奏」についてそれぞれ述べている。『学校音楽教育改革論』では、リトミックという言葉は注に出てくる程度だが、この時点ですでにリトミックの３要素については形成されていたと判断できよう。「リズム」については「音楽リズムの才能は、思考の働きだけで養われるものではなく、本来身体的なものである。（中略）しかも、私たちは、それを、無意識的な身体の動きを反映しているものと考え、また動きの均衡の良さや全体の調和によって決まるものと考えるであろう」[33] と述べられている。「即興演奏」については、「最初の授業から、２小節の短いフレーズの即興演奏、ついで４小節、８小節の即興演奏とか、旋律の中の１小節を生徒たちが自分で作った新しい小節に置き換えさせるといった試みをしてほしいものだ。子どもは、この訓練には大喜びで、即興演奏の急速な進歩をとげることが実証されよう」[34] と記されている。

　以上のように全体の主張を見ていくと、J＝ダルクローズは当時の音楽教育が形式的で技術中心主義的なものにとどまっていることに課題を見いだし、それを乗り越えるために「聴くこと」「リズム」「即興演奏」「専門家による指導」といった具体的な方法を提示したことがうかがえる。従来の音楽教育と同じ音楽（教育）観を基調としながら、その目的を達成するためのより本質的な方法を掘り下げたという点において、現状を「深化」させることで超克を目指したと言えるだろう。

第5節　シェーファーの音楽（教育）観と方法論

　シェーファーの音楽（教育）観は、社会も含めた音環境のように包括的な捉え方という点で「行動知」だと考えられる。それは、例えばシェーファーの著書である『*The Composer in the Classroom*（教室の作曲家）』[35] で記述された実践に象徴的に見られる。いくつかある実践のうち「音楽とは何か？」と問う授業では、学生たちとの議論を通じて「音楽は聴かれることを意図した（リズム、メロディなどの）音の編成である」[36] と暫定的に定義付けている。あくまでこの学生たちというある種の社会集団の中で形成されたもので、オープンエンド的にまた変化していくものでもある。こうした立場はまさに「行動知」だろう。そして、前述の『世界の調律』において、シェーファーはサウンドスケープ思想が「アポロン的音楽観」であることを明言している[37]。

　『教室の犀』は、1975 年にカナダで著された。序論には、当時の 10 年間ほどで教育分野では変化への気運が熟してきており、音楽教育についても「創造的な音楽づくり」[38] が見られるようになってきたことを述べている。シェーファーは、音楽教育上の仕事を主に「1　創造的可能性をもつこどもたちが自分たちの音楽をつくるために必要なものすべてを発見しようとすること」「2　あらゆる年齢層の生徒に環境音を紹介すること、世界の音風景を、人間を主要作曲者とする音楽作品としてとりあつかい、その改良に役だつか

もしれない批判的判断をくだすこと」「3　あらゆる芸術がそこでであい、調和のなかで発展できるような結節点、あるいは中心を発見すること」の3つに分類している[39]。1つ目は創造的音楽学習のことである。音についての発見を中心に、即興と作曲などにも言及している。J＝ダルクローズの即興演奏にも親和性のある分野であると言えるだろう。2つ目は、シェーファーの提唱したサウンドスケープ思想に関することである。「最初のしごとは音風景を音楽作品としてきく術をまなぶこと」[40]といった言葉に象徴されるように、環境全体を1つの音楽作品とするサウンドスケープ思想は、今までの音楽に対する概念を拡張した。シェーファーは、従来の音楽観を「拡張」することで乗り越えようとしたと考えられる。そして3つ目は、芸術を総合的に捉えようとするものである。そのためには、「音楽教育にながくかかわるにつれ、既成の芸術形態のそれぞれがひとつの感覚受容器だけをつかい、ほかのすべてを排除するという根本的な『不自然さ』に気づくようになりました」[41]というように全身感覚的な要素が必要になってくることを述べる。もちろん感覚を分離して捉えることを全て否定しているわけではない。音楽教育でいえば、聴くという行為を「全面的で継続的」[42]に分離してしまうことを問題視しているのである。この全身感覚的な捉え方は、J＝ダルクローズのリズムに通じるものがあるだろう。

　第5章では、音楽教育の目的、内容、方法、指導者について論じている。目的については、社会福祉や道徳的根拠について議論しつつ、最終的には「こたえは単純だ。音楽があるのは、それが私たちを高めるからだ。私たちは無為のきずなから振動する生命へもちあげられる」[43]といった明確な結論を述べている。内容については、過去の音楽的体験を生かし、拡張することだと述べられている。今までの西洋近代中心の音楽教育にとどまらず他の音楽文化に拡張することや、過去だけでなく現在、未来へと拡張していくことが必要だと主張しているのである。その上で、シェーファーは「1　きくこと」「2　分析」「3　つくること」の3つに練習問題を分類する[44]。ソルフェージュのような聴くことについても、楽音だけでなく環境全体で行うこ

とができるとしているところに、従来の音楽教育を拡張しようとする意志が読み取れる。方法については、指導者の役割やグループについて述べられている。教師が権威的に知識を伝達するのではなく、「触媒になるように」[45]していくことが必要であるとの主張は、いわゆる「共同的な学び」の方向性と合致するものだろう。最後の指導者については、「伝統的な音楽なら専門家。ここには妥協の余地はない」[46]と述べるように、J＝ダルクローズと見解が一致する。一方でシェーファーは伝統的な音楽を乗り越えようという意図もあるため、そこからさらに発展させている。「あたらしいものの発見には、よごされていない知性の方に有利な点がある。だから、音楽を『現在時制』でおしえる人材をさがすには、音楽を愛するが、伝統的な先生に要求される資格はもちあわせない人たちこそをうけいれることができるし、かえってのぞましいだろう」[47]という記述からは伝統的な音楽を否定してはいないものの、サウンドスケープ思想を敷衍することで新たな方向性を見いだしている。これは、J＝ダルクローズとの相違点として位置付けられるだろう。

　これまで見てきたように、シェーファーの場合は従来の音楽教育に対して、「行動知」と「アポロン的音楽観」を特質とするサウンドスケープ思想によって概念を拡張させたことが読み取れる。その方法としては、「音環境を聴くこと」「創造的音楽学習」「全身感覚」「専門家ではない望ましさ」などがキーワードになろう。J＝ダルクローズの「深化」に対比させて、「拡張」という方向性によって従来の音楽教育を乗り越えようとしたことが明らかとなった。

第6節　J＝ダルクローズとシェーファーの関係性

　ここでは、『教室の犀』でのJ＝ダルクローズに対するシェーファーの直接的な記述3か所を中心に、関連した文献にも焦点を当てながらその異同についてさらに論考を進めたい。以下に本文を引用し、どのような捉え方をしているのか考察していく。

　1つ目は、目的論として「音楽は生命と宇宙自体のエネルギーの理想化された表現だと信じるひとたちもいる。この概念が、すでにダルクローズたち何人かがやったように、魅力的で確信をあたえるやり方で具体的に表現できることはうたがいない。こうして、音楽をやることはこどものからだの運動リズムを調整するのに役だつことが証明される」[48]と書かれているところである。シェーファーは、全身感覚を重視して音楽を捉える。この内容からは、リズムを重視するJ＝ダルクローズからの影響が強いと言えるだろう。聴覚だけでない統合的な感覚は、2者の共通点として位置付けることができる。また、音楽が「生命と宇宙自体のエネルギーの理想化された表現」であることからは、アポロン的音楽観が読み取れる。シェーファーがアポロン的音楽観を有していたのはすでに指摘した通りだが、J＝ダルクローズはディオニュソス的音楽観を基調としていたはずで、外谷もリトミックをディオニュソス的音楽観に分類している[49]。しかしながら文献を探っていくと、J＝ダルクローズはまたアポロン的音楽観を価値付けるような記述もしているのである。例えば「古今の偉大な精神の持ち主たちは、音楽に対し、教育における格別の重要性をあてがってきた」[50]ことを述べる中で「プラトンや大多数のギリシャの先賢たち」[51]を挙げたり、「芸術的な民族の中でもリズムという点で最も豊かな才能に恵まれていたギリシャ人」[52]と評価したりしているのである。また、サウンドスケープ的な記述からアポロン的音楽観に結び付くような内容に言及している点も興味深い。例えば「夏の晴れた日、芝生に寝転んで、頭上の木々の生命の揺れ動きと、遥か高みの青空に描かれる雲の畦道を眺め、葉や枝をざわめきつかせ、麦を波打たせるそよ風の音を聞いたことがおありだろう。（中略）永遠に動いている自然の振動には、拍子のあるものもあれば、無いものもある。宇宙の大リズムは、その一つひとつがその固有の命をもつ、信じ難いほど多種多様な何千ものリズムが、時を同じくして出会うことから生まれる」[53]といった記述である。このように、J＝ダルクローズはディオニュソス的音楽観を基調としつつも、アポロン的音楽観にも価値を見いだしていたことがうかがえる。とりわけJ＝ダルクロー

ズが重視したリズムにおいては、その「リズムの持つ造形的な力」[54] という意味ではアポロン的であるし、「手足のすべてを律動的に動かす、ゆたかな舞踏の身振り」[55] という意味ではディオニュソス的でもあるという両義性を備えていることは特筆すべきだろう。

2つ目は、指導者に関する記述で「偉大なスイスの音楽教育者ダルクローズはかいている。『理想的な社会制度のもとではみんなが自分の芸と学問をまわりにただでわかちあたえるのが義務となるだろう。作曲者も演奏家も、音楽家ならばみんなが毎日1時間をさいて公衆のための音楽授業をするようになる。そのときまでは問題は解決されないだろう』[56]」とある。伝統的な音楽を教えるのは専門家であるという主張を補強するために引用し、その上で従来の音楽観をこえたサウンドスケープ思想へと結び付けたことがうかがえる。結論としては専門家でない人を受け入れることが望ましいとしているが、J＝ダルクローズの考えを否定するのではなく、それを受け入れた上で発展的に提案していることがわかる。ここでは、両者の「深化」と「拡張」という方向性の違いが、そのまま相違点になっていると考えられる。つまり、J＝ダルクローズは、従来の音楽教育をリトミックによって「深化」させたために、指導者は専門家でなければならないと提言したのである。一方のシェーファーは、サウンドスケープ思想へと「拡張」させたために、専門家ではない望ましさについても言及したというわけである。

3つ目は総合芸術に関して、「ダルクローズは時代にかなり先立って、1900年頃リズム美学をかんがえだし、音楽という時間芸術の訓練を空間における身体運動との相乗エネルギー（synergy）へとひきこんだ。これらの感覚協働練習にふけっていると、感覚体験のするどさよりは諸感覚の混乱や、手段の不必要なつみかさねにいたる危険がある。これが今日のマルチメディア芸術形態の大多数におこる問題だ」[57] と述べているところである。一見、J＝ダルクローズの考えを否定しているようであるが、それでは全身感覚を強調するシェーファーにとって矛盾してしまうこととなる。ここでは「もっとも、ある時点では個々の芸術を別々に学習することもやはりできる

でしょうが、それは特定感覚のするどさをそだてるためにするのだということをはっきり心していてのはなしです。これは学習の中期にあたります。最終的には、知覚のそれぞれのレンズをみがいたあとで、あらゆる芸術形態を再構成する全体芸術へとふたたび転じるでしょう。それは『芸術』と『生活』がおなじ意味をもつことばであるような状況です」[58] といった内容を踏まえることで、否定しているわけではないことがわかるだろう。つまり、感覚協働練習の否定ではなく、発達段階や指導者の目的に留意すべきだと強調しているのである。導入としては全身感覚から入り、途中で特定感覚についても学び、最終的に全体芸術へと向かう段階を踏まえることが肝要であると伝えているのだろう。

　ここまでの議論を踏まえ、「従来の音楽教育の超克を目指した方法論の位置付けモデル」として構造化したものが図3-2である。「本質知と行動知」「アポロン的音楽観とディオニュソス的音楽観」を用いて2軸4象限をつくり、

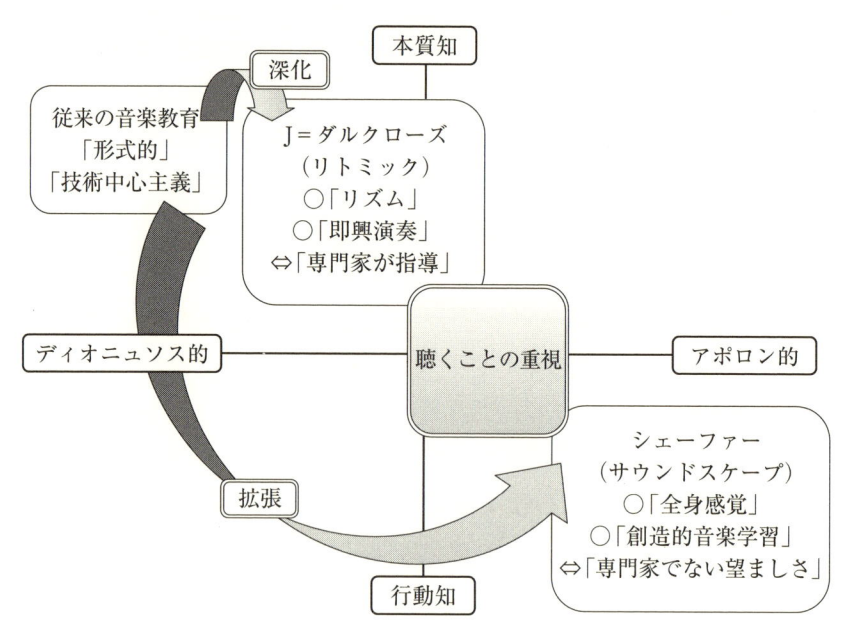

図3-2　従来の音楽教育の超克を目指した方法論の位置付けモデル

それぞれを位置付けた。従来の音楽教育に対して、「本質知」で「ディオニュソス的音楽観を基調としながらもアポロン的音楽観にも価値を見いだしていた」J＝ダルクローズは「深化」の方向性、「行動知」で「アポロン的音楽観」のシェーファーは「拡張」の方向性で乗り越えようとしたことがわかる。

　また、それぞれには「聴くことの重視」が共通点として見いだされた。そして、J＝ダルクローズの「リズム」「即興演奏」はシェーファーの「全身感覚」「創造的音楽学習」とそれぞれ親和性があることや、J＝ダルクローズの「専門家が指導」することに対してシェーファーが「専門家でない望ましさ」を提起しているという相違点も位置付けられた（図では親和性を○、相違点を⇔で示している）。

第7節　従来の音楽教育の超克を目指した方法論として

　これまで見てきたように、従来の音楽教育を乗り越えるためにJ＝ダルクローズは「深化」、シェーファーは「拡張」という方向性で展開してきたことが明らかとなった。また、「本質知と行動知」「アポロン的音楽観とディオニュソス的音楽観」についても、それぞれを位置付けることができた。J＝ダルクローズは西洋近代音楽の枠組みの中で本質的な考えを深化させ、シェーファーは西洋近代音楽だけの枠組みを拡張させ、包括的な方向に向かったということである。70年の年月の違い、国による違いといった時代背景の差異があるため優劣をつけられる問題ではないが、J＝ダルクローズの深化としての方向性をはじめ、その他多くの深化の方向性が土台となったからこそ、そうした成果が結実してシェーファーの拡張する方向へと進むことができたのではないだろうか。シェーファーがJ＝ダルクローズに言及したのは、その証左であると考えられる。構造化された共通点や親和性、相違点の中でも、とりわけ共通点である「聴くことの重視」は、今後の音楽教育がどのような方向に進むのであれ、必要不可欠の要素であるということなのだろう。

本章では、主に音楽教育的な角度からサウンドスケープ思想の特質について探ってきた。シェーファーの「拡張」する方向性に見られるように、サウンドスケープ思想は音楽教育の文脈だけで捉えるべきではないと思われる。この思想の教育的側面であるサウンド・エデュケーションも、またしかりである。そこで次章以降ではこうした特質を踏まえつつ、総合的な学習の時間における環境教育や小学校低学年の生活科での授業実践事例を通して、より多角的な視野からサウンド・エデュケーションについて考察していくこととする。

注

1) 斎藤一次・平田公子・降矢美彌子、「教員養成大学における音楽教育の現代化の課題：小学校課程の音楽教育　そのⅠ」、『福島大学教育実践研究紀要第3号』、福島大学教育学部附属教育実践研究指導センター、1983、pp.103-114.

2) 山野てるひ・岡林典子・鷹木朗（編）、「人物からせまる！『感性』の教育史」、『感性をひらいて保育力アップ！「表現」エクササイズ＆なるほど基礎知識』、明治図書、2013、pp.13-27.

3) Sousa, M.R., "Music, Arts and Intercultural Education: The Artistic Sensibility in the Discovery of the other", *Journal of Science and Technology of the Arts vol.3 no.1*, Portuguese Catholic University, 2011, pp.38-48.

4) 野波健彦・池上敏、「創造的音楽学習の系譜（Ⅰ）：子どもの主体性・創造性を重視した総合的な音楽学習を構想するために」、『研究論叢第41巻第3部』、山口大学教育学部、1992、pp.225-230.

　野波健彦・池上敏、「創造的音楽学習の系譜（Ⅱ）：子どもの主体性・創造性を重視した総合的な音楽学習を構想するために」、『研究論叢第42巻第3部』、山口大学教育学部、1992、pp.391-400.

　野波健彦・池上敏、「創造的音楽学習の系譜（Ⅲ）：創造的音楽学習が日本の学校音楽教育とその教員養成にもたらした成果と課題」、『研究論叢第55巻第3部』、山口大学教育学部、2005、pp.251-264.

5) Hickey, M., "Can improvisation be 'taught'?: A call for free improvisation in our schools", *International Journal of Music Education vol.27 no.4*, International Society for Music Education, 2009, pp.285-299.

6) チョクシー、L・エイブラムソン、R・ガレスピー、A・ウッズ、D．（著）、板野和彦（訳）、『音楽教育メソードの比較：コダーイ、ダルクローズ、オルフ、C・M』、全音楽譜

出版社、1998、463pp.

7)　前掲 4.

8)　野上俊之、「即興演奏の意義：リトミックにおけるアプローチ」、『比治山女子短期大学紀要第 25 号』、比治山学園、1991、pp.61-71.

9)　外谷和、『サウンドスケープの学校導入への可能性』、弘前大学大学院教育学研究科修士論文、2005、116pp.

10)　梶田美香、「音楽教育哲学から鑑賞教育への示唆」、『人間文化研究第 9 号』、名古屋市立大学大学院人間文化研究科、2008、pp.127-140.

11)　ニーチェ、F.（著）、秋山英夫（訳）、『悲劇の誕生』、岩波書店、1966、309pp.

12)　シェーファー、R.M.（著）、鳥越けい子・小川博司・庄野泰子・田中直子・若尾裕（訳）、『世界の調律：サウンドスケープとはなにか』、平凡社、2006、569pp.

13)　前掲 12、p.30.

14)　前掲 12、p.30.

15)　日本教育方法学会（編）、「質的研究方法」、『教育方法学研究ハンドブック』、学文社、2014、pp.70-97.

16)　ジャック＝ダルクローズ、E.（著）、山本昌男（訳）、「学校音楽教育改革論」、『リズムと音楽と教育』、全音楽譜出版社、2003、pp.7-42.

17)　シェイファー、M.（著）、高橋悠治（訳）、『教室の犀』、全音楽譜出版社、1980、83pp.

18)　Jaques-Dalcroze, E., *La réforme de l'enseignement musical à l'école*, Schweizerischer Tonkünstlerverein, 1905.

19)　前掲 17、p.2.

20)　前掲 10、p.130.

21)　前掲 16、pp.14-15.

22)　前掲 17、p.15.

23)　例えば、前掲 6、pp.53-55.

24)　遠藤盛男、「スイス国民学校の発展過程に関する一考察：第 20 世紀前半における教育思潮を中心として」、『鳥取大学教育学部研究報告教育科学第 17 巻第 2 号』、鳥取大学、1975、pp.319-331.

25)　前掲 16、p.18.

26)　前掲 16、p.12.

27)　前掲 16、p.18.

28)　前掲 18、p.58（板野和彦訳).

29)　前掲 16、p.33.

30)　前掲 16、p.24.

31)　前掲 16、p.25.

32） 前掲 16、p.26.

33） 前掲 16、p.37.

34） 前掲 16、p.42.

35） Schafer, R.M., *The Composer in the Classroom*, BMI Canada Limited, 1965.

36） 前掲 35 は入手困難であるため、シェーファーの音楽教育冊子 5 冊が全て収録されている以下の文献から筆者が訳出した。

Schafer, R.M., *Creative Music Education: A Handbook for the Modern Music Teacher*, A Division of Macmillan Publishing Co., Inc., 1976, p.17.

37） 前掲 12、p.30.

38） 前掲 17、p.6.

39） 前掲 17、p.14.

40） 前掲 17、p.20.

41） 前掲 17、p.20.

42） 前掲 17、p.23.

43） 前掲 17、p.27.

なお、ここでの「無為のきずな（＝ vegetable bondage)」とは、「単調な束縛」といった意味合いである。

44） 前掲 17、p.34.

45） 前掲 17、p.36.

46） 前掲 17、p.38.

47） 前掲 17、p.40.

48） 前掲 17、p.28.

49） 前掲 9、pp.69-71.

50） ジャック＝ダルクローズ、E.（著)、山本昌男（訳)、「学校、音楽、喜び」、『リズムと音楽と教育』、全音楽譜出版社、2003、p.114.

51） 前掲 50、p.114.

52） 前掲 50、p.119.

53） 前掲 50、pp.99-100.

54） 前掲 11、p.49.

55） 前掲 11、p.50.

56） 前掲 17、p.39.

57） 前掲 17、p.41.

58） 前掲 17、p.23.

第4章
環境教育におけるサウンド・エデュケーション

第1節　学校教育における環境教育とサウンド・エデュケーション

　前章の第3章では、理論的側面としてサウンドスケープ思想の特質を浮き彫りにした。本章から第6章にかけては、その特質を踏まえつつ、実践的側面として3つの授業実践事例を取り上げる。理論面と実践面のどちらも考察していくことで、その往還からサウンド・エデュケーションのより深い理解へと到達することを意図している。実践的側面の皮切りとなる本章では、環境教育におけるサウンド・エデュケーションの授業実践事例を通して、目標と評価について論考していく。

　学習活動の1つとして環境が例示された「総合的な学習の時間」の導入（2002〜）や、「国連持続可能な開発のための教育の10年」の実施（2005〜2014）等により、日本の小学校における環境教育の実践は少しずつ定着してきたように思われる。一方で、その実践が期待される総合的な学習の時間においては、子どもの主体的活動や学校の特色・実態にゆだねる学習のあまり、目標や内容、方法が曖昧になってしまうという危惧もある [1]。教育の根幹にはその思想や理念があるが、環境教育を実践するにあたっても、そのよりどころとなる環境思想、理念を踏襲し、目標や内容、方法を明確にする必要があるだろう。

　環境思想、理念には様々なものが見受けられる。海上は、テクノセントリズム（技術中心主義）とエコセントリズム（自然中心主義）という名称を基準として、環境思想の体系を精緻化した[2]。テクノセントリズムは、基本的に現在の社会、経済体制を維持したままで、様々な政策や技術によって環境問題を解決しようというものである。エコセントリズムは、問題の根源にあるのは何かを問いかけるもので、既存の体制、社会、価値観などを問い直す姿勢が見られる。こうした体系にはまだ明確に位置付けられていないが、鳥越はサウンドスケープ思想が現代における環境思想の一部を形成していると考察した[3]。この思想の特質である「行動知」からすると、エコセントリズムに位置付けることができよう。本章では、環境教育の実践を展開する上でのよりどころとして、このサウンドスケープ思想に着目し、その思想から生まれたサウンド・エデュケーションの実践を通して意義を考察することとした。

　環境教育におけるサウンド・エデュケーションの先行研究および事例について概観すると、日本環境教育学会誌『環境教育』（創刊号から現在に至るまで）には、実践事例及び研究が見られなかった。また、単年度の実践事例を比較的大規模で収集した調査[4]においても、サウンド・エデュケーションと見受けられる実践はなかった。第1章第3節では国内のサウンド・エデュケーションの先行研究および事例がいくつか見られるが、基本的に環境教育を主眼にしているものではない。こうしたことから、環境教育におけるサウンド・エデュケーションの実践は、量的に多いとは言えないだろう。

　以上の背景から、本章では、まずサウンド・エデュケーションの目標、内容、方法を明確にする。そしてその授業計画に基づいた実践の分析を通して、目標に対する授業評価、考察を行う。さらにその考察から、量的にみた実践が少ないサウンド・エデュケーションの環境教育における意義や課題について検討することを目的とする。なお、研究法については、環境教育研究という位置付けからSCEEMを基盤として進めていく。量的に実践が少ないということは、サウンド・エデュケーションに関してそもそも検証できる

ような仮説が構築されていないということでもある。そこで、仮説生成的な質的研究法を関心相関的に選択する。また、パラダイム論としては本章の実践が「環境の中での活動」であることから、解釈主義に依拠することとなる。次節以降で広義の科学性の担保を図るために構造化に至る軌跡を示しながら、最終的に環境教育におけるサウンド・エデュケーションの意義を構造構成していく。

第2節　授業実践の概要

　授業計画に基づき、東京都国分寺市にある私立小学校4年生児童1学級36名（男子23名、女子13名）を対象に、総合的な学習の時間を用いて授業を行った。当該学級の担任をしていた筆者が授業者となった。2007年2月～3月の期間に実施し、時数は全4時間であった。そこでの授業記録及び子どもの記述をもとに分析をした。得られた結果を授業計画と照合しながら評価、考察を行った。

　授業計画にあたっては、KJ法を用いてサウンド・エデュケーション及びイヤー・ゲームの目標を「感性を鍛える」「見落としていた環境に気付く」「生活や行動が変わる」の3点に整理し、制約条件やプログラムの特性といった観点から各プログラムのデータベース化も行った力石・土田による論考[5]を参照した。そして、子どもの実態を踏まえた上で授業の目標、内容、方法を検討した。

　子どもの実態としては、テレビやコンピュータゲーム等の影響もあり、視覚から情報を得ることが多いという点が挙げられる。筆者は他の実践で、五感のうちどれを重視しているか子どもに尋ねたが、大半が視覚であった。そこで、聴覚を使った活動を通して、視覚以外の感覚も大切だということを感じとらせたいと考え、本授業を設定した。

　こうした子どもの実態を踏まえ、授業の目標は、「聴覚を通じて、身のまわりの環境を主体的に捉える力を養う」とした。「主体的に」という部分は、

自ら進んで、また一人ひとりの捉え方が違っていてもよいという意味も含め、「感性を鍛える」側面である。「身のまわりの環境を」「捉える」という部分は、「見落としていた環境に気付く」側面である。

　主な活動としては、「音さがし」「音追いかけゲーム」「校内音さがし」の3つとした。サウンド・エデュケーションのような聴覚を使った活動は子どもにとって初めてであることから、初期段階にあたるプログラムを採用した。なお、サウンド・エデュケーションの各プログラムには名称がないため、シェーファーの著書名などを参考にして、筆者が適切と思われる名称をつけた。「音さがし」と「音追いかけゲーム」はそれぞれ1時間扱い、「校内音さがし」は2時間扱いで計画した。それぞれの具体的な内容と方法を以下に示す。

【音さがし】

　導入として、音について知っていることや感じていることなどを自由に記述し、発表する。この活動には、音に対する興味・関心を高める意図がある。

　教室の中で3分間耳をすませ、聴こえた音を紙に書き出す。その際、音源が明確であれば「○○の音」というように書くが、不明な場合には「がさがさ」といったような擬音語でもよい。また、窓や扉を開けることで音の数や種類がどうなるか経験させる。書き出すことで、音の数や種類、一人ひとりの音の捉え方を明らかにする。そして、どのように聴けば音の数や種類が増えるかという発問から、望ましい聴取方法を考える。

　音を書き出したら、その中で好きな音や気に入った音には○、苦手な音や嫌いな音には△をつける。ここでは、音に対する嗜好性を明らかにする意図がある。

　次に、音を大きい順に並べ替え、音の大小関係を捉える。最後に、円を紙の中心に書き、自分が出した音はその円の中に、他の音は聴こえてきた方向や距離を考えて円の外に書く。こうすることで音の位置について整理する。

【音追いかけゲーム】

「動いている音に対する知覚能力を高める」[6]活動である。音楽でよく行われる聴音は静的であるが、この活動はそれに対して動的な聴音といえるだろう。

まず、目をつぶりながら動く音を指で差して追いかける。音の聴き分けは、音階ではなく、それぞれの音の響きや大きさをよりどころにする。最初は教師が出す声や拍手などの音を追いかけて練習する。途中でわからなくなってしまったときは、目を開けてもよいこととする。

次に、楽器を用いる。今回使用した楽器は、カバサ、ウッドブロック、ラチェット、アゴーゴーの4つである（図4-1）。これらの楽器を選択した理

カバサ

ウッドブロック

ラチェット

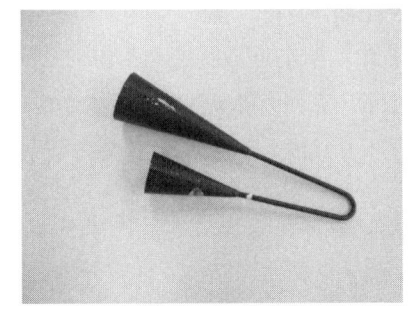

アゴーゴー

図4-1　音追いかけゲームで使用した楽器

由は、歩きながら音が出せること、初心者でも比較的容易に音が出せること、それぞれの音色の違いがはっきりしていることが挙げられる。第1段階は、カバサとウッドブロックを2人の選ばれた子どもに1つずつ持たせ、音を出させる。残りの子どもはカバサの音を右手人差し指、ウッドブロックの音を左手人差し指で追いかける。第2段階は、ラチェット、アゴーゴーを追加し、学級を半分ずつ、カバサとウッドブロックを追いかける班、ラチェット、アゴーゴーを追いかける班に分けて行う。第3段階は、ゲームの途中で合図をし、追いかける音を交代して行う。

最後に、活動に対する価値付けや楽器の特徴などについて発表する。

【校内音さがし】

「音さがし」の活動時間、範囲を拡大して行う。こうすることで、音の数や種類が教室内だけの場合と比較してどうなるかを経験させる。

30分間、校内を活動範囲として音さがしをする。校内の主な環境は、校舎（4階建て）、校庭（人工芝だが、周辺部には木や植物がある）、体育館、中庭などである。活動を通して、何の音か、自分にとってどう感じるのか、理由も含めて書き出す。書き出したことから、気付いたことやわかったことを考え、発表する。ここでは、音の捉え方や、音に対する嗜好性について考えさせる意図がある。

上記の目標、方法、内容について整理し、図4-2のように授業計画を作成した。各活動の方法と内容が、どの目標を意図しているのかを表している。なお、今回の授業計画では、目標のうちの1つである「生活や行動が変わる」を意図する活動は組み込まなかった。これは、前述のようにサウンド・エデュケーションでも比較的初期段階のプログラムを用いたためである。

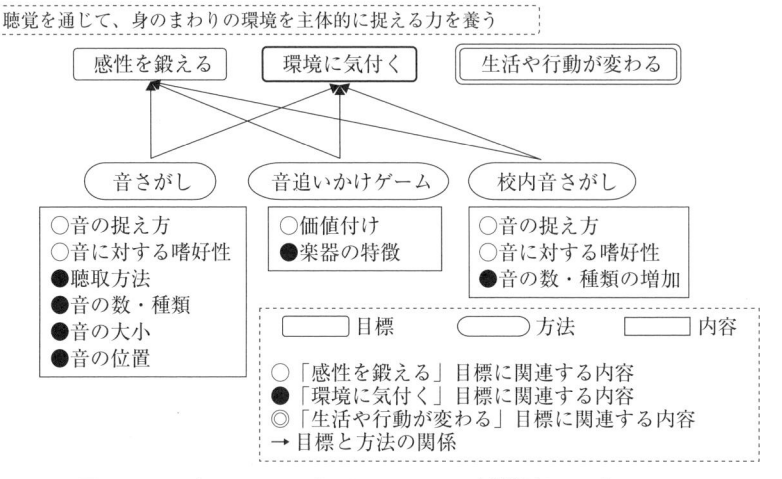

図4-2　サウンド・エデュケーションの授業計画モデル

第3節　授業実践の分析

　授業分析にあたって、授業計画と実践では展開にいくつか変更があったため、はじめに記述する。第1時「音さがし」の実践では、導入で音について知っていることや感じていることを記述し、発表してもらった。そこで時間を費やしたため、音さがしの活動では、音に対する嗜好性、大小、位置については触れることができなかった。第2時「音追いかけゲーム」の実践では、最初に音さがしを行い、前時でできなかった部分を補った。第3、4時「校内音さがし」の実践については、計画通りに進行した。したがって、授業記録や子どもの記述については、第2時の実践の中に「音さがし」の発言や記述も含まれる。本章においては、授業計画との比較を容易にするため、時数ごとではなくそれぞれの活動ごとになるよう整理し、分析した。

　分析では、授業後に得られた質的データ（授業記録及び子どもの記述）から項目化した。生成された項目をもとに授業の目標、内容、方法について整理した。授業計画段階と実践後を比較し、目標に対する評価、考察を行う。授業記録及び子どもの記述から、図4-2の内容に示されている項目に該当

すると思われる発言や記述を抽出した。また、図 4-2 に示されていない内容で、教育的価値があると思われる発言や記述は新たに項目化した。各項目は、活動ごとに記載した。○は「感性を鍛える」目標、●は「見落としていた新たな環境に気付く」目標、◎は「生活や行動が変わる」目標にそれぞれ関連する内容である。なお、発言や記述に関して、記述の明らかな誤字脱字は修正して表記した。

【音さがし】

○音の捉え方：「気持ちの問題で聴く物が多少変わって来ます」「人によって、音の感じ方がちがうと思います」「いつも聴いている音は、一人ひとりちがう」など、主観的な聴取に対する記述である。音さがしで書き出した後、子ども同士でそのリストを比較する中で出てきた気付きであると思われる。

○音に対する嗜好性：「音は、きれいな音いやな音がある」「音楽は、きれいだ」「音は、人を和ませたり、楽しませたり、悲しくさせたりできる」などの記述が見られた。これは導入の「音について知っていることや感じていること」を書く作業からのものである。音さがしでは、好きな音に○、苦手な音に△という作業をさせたが、そこから発展させた記述は見られなかった。印象付けるためには、記号ではなく、自分の言葉で表現させる等の工夫が必要だろう。

○価値付け：「音はみえないけれど、相手に伝わっているのですごいです」「いつもは、聴こえない物も、聴こえました。ビックリしました」「音って何だか不思議…」「いろいろな音が聴こえたのですごいと思いました」など、音に対して情緒的な価値付けをしている記述である。普段、聴覚をあまり意識していない子どもにとっては、それこそ耳に残るような印象深い活動だったことが推察される。

○意欲：「これからしっかり聴く力をつけたいです」「これからも、きたえていきたいです」「これからも、『聴く』力を付けて、音を大切にしたいで

す」など、活動に対しての意欲が見られる記述である。聴くことの大切さを感じたことが、意欲にもつながったと思われる。

●聴取方法：「音は、静かにすればたくさん聴こえる」「耳をすますと色々な音が聴こえてきます」「集中していると音がたくさん聴こえる」など、聴取の方法や態度に対する記述である。日常で意識していなかった音に気付くための工夫が見受けられる。

●音の数・種類：「音はとてもいっぱいあることが分かった」「聴いてみると本当にいろんな音があるんだと思った」など、音の数の多さ、種類の豊富さに関する記述である。音の多様性への気付きと考えられる。

●音の大小：「大きい音は聴こえやすい　小さい音は聴こえにくい」「大きい音と小さい音を同時に聴くと小さい音が聴こえづらい」など、音の大小に関する記述である。当たり前のような内容であるが、音の大きさによって聴取方法もかわるという気付きにつながるという意味で重要であると考えられる。

●音の位置：「（発言）外からの音の方がたくさん聴こえる」「（発言）僕には左の方から笑い声としゃべり声とか聴こえた」など、音源の場所、位置についての記述である。次時の動的な聴音である「音追いかけゲーム」につながる内容である。

●音の性質：「音は、たえず（絶えず）聴こえていることが分かりました」「音とは、人間の目には見えなくて色もありません」など、音の数・種類、大小、位置以外の気付きに関する記述である。こうした物理的側面の気付きから、理科の授業に発展させていくことも可能だと思われる。

●情報の相互関係：「（発言）周りから聴こえる音は、おっきい音の方が大きい」「人によって、大きい音が好きかきらいか、小さい音が好きかきらいかちがう」など、音に対する嗜好性、大小、場所などの情報をそれぞれ関係付けた記述である。単独の情報を結び付けることで、様々な気付きが生まれる。

◎生活への結び付き：「音は、生活でとても大切なものだと分かりました」

「やっぱり音は、人間生活に関係する大切な物だと思いました」「音がなきゃせい活できないことが分かった」など、学習を生活へと結び付けている記述である。生活や行動の変容にもつながる内容であると考えられる。

【音追いかけゲーム】

○価値付け：「ふつうに音をはんだんするのはかん単だけれど動く音を見つけるのはむずかしいと思った」「ぼくは『動く音を追いかけるのは大へんなんだなぁ』と思いました」「分かった事は、音が動くと、見つけにくいんだなという事です」など、難しかったり大変だったりという記述が多かったが、活動の盛り上がりから、適度な難易度でやりがいを感じていたと思われる。「動いている音を追うのは、一つひとつの楽器に特長があったので、そんなにむずかしくありませんでした」という記述もあり、個々人の捉え方の多様性も見受けられた。

○意欲：「うごく音がすぐわかるようにしたい」「また楽器でやりたいです」「もっと、いろいろな音を聴き分けられるようになりたいです」など、活動の楽しさから意欲につながる記述が見られた。

●楽器の特徴：「アゴーゴーの音はきれい」「ラチェットはとてもうるさいので近くに来ると耳がいたくなりそうです」「アゴーゴーはちんどん屋みたいだった。ウッドブロックは火うち石をやっているみたいだった」「ラチェットは釣り道具みたいだった」など、楽器の音色、音の大小、外観についての記述である。音さがしで音についての情報を学習したことで、楽器についてもそうした捉えをするようになったと感じられた。

●楽器相互の関係：「目を閉じて聴いていると色々な楽器の音の大きさがよくわかりました」「ラチェットは、すごく音が大きくて、他の音が聴こえにくかったです」など、楽器相互を比較して関係付けた記述である。活動の中から楽器の特徴をつかみ、それぞれ関係付けたと思われる。

【校内音さがし】

○音の捉え方：「同じ音でもきれいに感じる人もいれば、うるさいと感じる人もいることに気付きました」「自分で思ったことも、人それぞれということが分かりました」など、音さがし同様、音の主観的聴取に関する気付きが見られた。

○音に対する嗜好性：「がっきの音がきれいだと思いました」「自然な音は、私にとっていい音が多く、人工的な音はキライなのが多かったです」「私は、人の声が好きと分かりました」など、音さがしで好きな音に○、苦手な音に△をつけさせる作業から、自分なりの表現に発展させた記述がこの活動では見られた。

○価値付け：「たくさんあって、びっくりしました」「しゃべっていた時に音があったとしたら、聴こえなかったから、もったいない」「音にも、色々な音があるので、不思議です」など、校内音さがしでも情緒的な価値付けが見られた。

○意欲：「これからも、みんなが、聴いたことのないいろいろな音をみつけたいです」「また、やりたいです」「音をまた調べて色々な音を見つけたいと思いました」など、活動に対する意欲は継続されていたようである。

●音の数・種類の増加：「教室から初等部内へとはん囲がふえたので音がたくさん見つかった」「教室で聞いている音以外にも色々な音が聴こえた」「教室で、いるより、とってもいっぱい音が見つけられたので、町とかに出るともっと見つけられると思いました」など、活動範囲、時間を拡大したことによる記述である。それぞれの場所によって音の特徴があることに気付いたように思われる。

●音についての情報：「人・機械・自然が音を出すことが分かりました」「音は教室（室内）だけではなく外でもなっているということが分かりました」「小さい音も聴いたけど、もちろん大きい音の方が、聴けました」など、音の位置、大小といった情報だけでなく、音を出す主体についての記述も見られた。音源に対する感覚が豊かになったと思われる気付きであ

る。

● 情報の相互関係：「私が好きな音は、小さい音が多かった」「外に行くと、自然な音が多く、校しゃ内だと人工的な音が多かった」「遠い音はすこし小さく、近い音は大きく聴こえること」「大体小さい音だったので外（校庭）はつきぬけているから遠くから音が聴こえることが分かった」など、音の情報を個々人で関係付けていた。音さがしでの活動が生かされていると思われる。

● 音の性質：「音は目に見えない」「音は、いつでも、どこでも、あること が、分かった」「音はつねになっていると今日また感じました」「静かなときに音がなったときはひびいたようになるなと思った」など、ここでも物理的側面が記述されていた。音の響きに注目した子どももいた。

　生成された項目をまとめたものが図 4-3 である。全体としては、授業計画よりも多様な思考、感性が引き出された。これらの項目は、学習評価規準を構築していく上でのよりどころとなるだろう。『環境教育指導資料（小学校編）』によると、小学校における環境教育の目標は「環境に対する豊かな感受性の育成」「環境に関する見方や考え方の育成」「環境に働きかける実践力の育成」の 3 つである [7]。サウンド・エデュケーションの 3 つの目標と比較すると、それぞれの項目の関連性が高いことがうかがえるため、図 4-3 に追記した。この図 4-3 をもとに、各活動が目標に対してどうだったのか、授業評価をしていくことで考察する。

　まず、「感性を鍛える」目標について論じる。「音さがし」と「校内音さがし」では、音の捉え方が主観的聴取であることが記述されていた。音に対する嗜好性においても、主観的聴取ということが考えられる。ここには、環境に対する姿勢が示唆される。環境観については、機械論的環境観と意味論的環境観という捉え方があるが、サウンドスケープ概念においては、ユクスキュルの提唱した環境世界（環世界）と同様に意味論的である [8]。つまり、環境に対して主体的に意味を見いだすという捉え方である。意味論的環境観

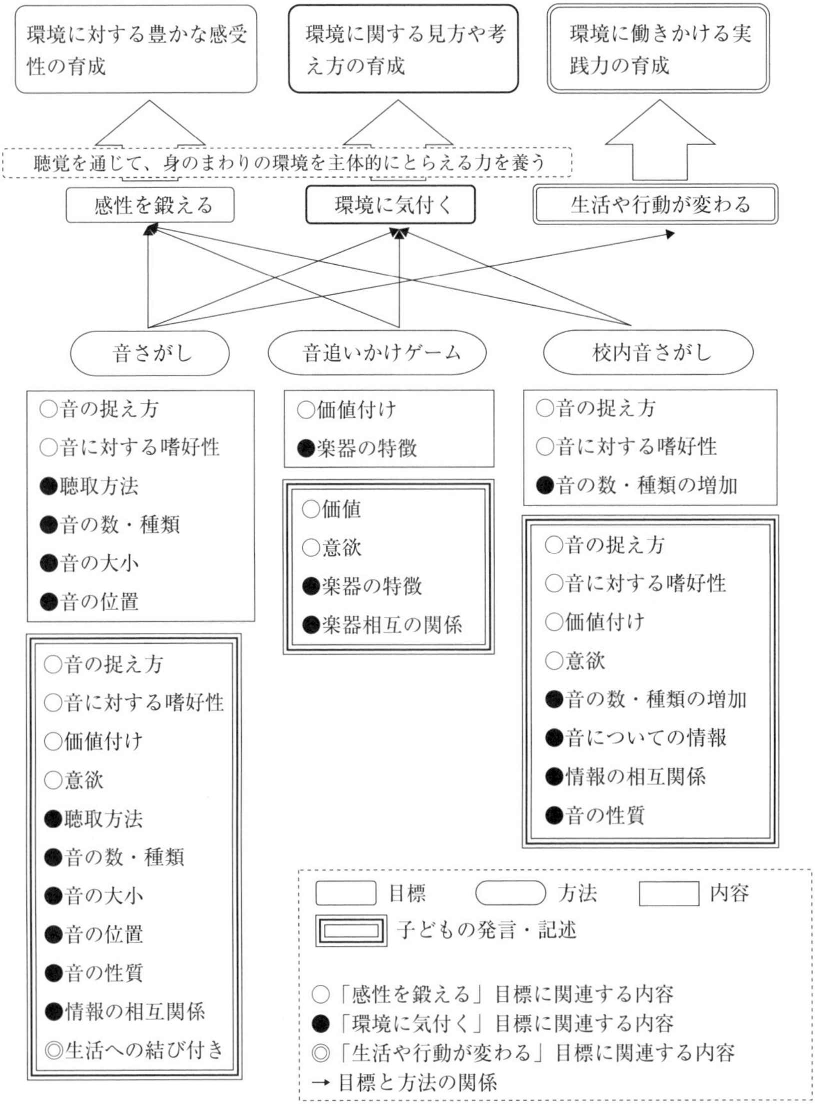

環境に対する豊かな感受性の育成

環境に関する見方や考え方の育成

環境に働きかける実践力の育成

聴覚を通じて、身のまわりの環境を主体的にとらえる力を養う

感性を鍛える　　環境に気付く　　生活や行動が変わる

音さがし　　音追いかけゲーム　　校内音さがし

○音の捉え方
○音に対する嗜好性
●聴取方法
●音の数・種類
●音の大小
●音の位置

○音の捉え方
○音に対する嗜好性
○価値付け
○意欲
●聴取方法
●音の数・種類
●音の大小
●音の位置
●音の性質
●情報の相互関係
◎生活への結び付き

○価値付け
●楽器の特徴

○価値
○意欲
●楽器の特徴
●楽器相互の関係

○音の捉え方
○音に対する嗜好性
●音の数・種類の増加

○音の捉え方
○音に対する嗜好性
○価値付け
○意欲
●音の数・種類の増加
●音についての情報
●情報の相互関係
●音の性質

[　] 目標　　（　）方法　　[　] 内容
[［　］] 子どもの発言・記述

○「感性を鍛える」目標に関連する内容
●「環境に気付く」目標に関連する内容
◎「生活や行動が変わる」目標に関連する内容
→ 目標と方法の関係

図4-3　サウンド・エデュケーションの授業実践モデル

である主観的聴取が授業実践で見られたことは、サウンドスケープ論、もしくはサウンド・エデュケーションにおける「感性を鍛える」目標に対して評価される点だろう。

　発展的な要素としては、主観的聴取のよさを認めるだけでなく、そこから集団としてその価値を共有していくことが重要であると思われる。小松は、主観的聴取による調査を行ったが、そこから読者に共振作用（喚起力）を与える想像性溢れる記述が創作可能なことを挙げている[9]。授業実践においては、「音の捉え方が一人ひとり違ったが、それは正しいのか、間違っているのか」という発問に対して「正しい」という答えと「間違っているかもどうかもわからない。人によっている場所が違うから、聴こえてくる音も多少は変わってくるかもしれない」という答えが出された。発問の投げかけが「正しいのか、間違っているのか」のような二者択一ではなく、「どう思うか」という方がより適切であったと考えられるが、こうしたやりとりから価値の共有が萌芽的に見られた。

　価値付けと意欲の項目は、どの授業においても記述された。講義形式ではなく、活動性の高い授業展開が発達段階に適していたためと推察される。高城・原子は、授業実践を通して、「学習・調査」での意欲も「参加・行動」していく力として考えるべきだと言及している[10]。後述の「生活や行動が変わる」目標に迫る記述が出てきたのは、こうした意欲や情緒的な価値付けが背景として考えられる。「感性を鍛える」目標に対しても着目すべき項目であることがうかがえた。

　次に、「見落としていた新たな環境に気付く」目標についてである。シェーファーは、「集中的聴取」と「周辺的聴取」とで聴き方が異なることを述べた[11]。聴取方法についての記述からは、こうした気付きが「聞く」ことから「聴く」ことへの転換点となることが見受けられる。情報として、視覚は残り、聴覚は残らない。その点を意識するだけでも、音に対する集中力は高まるのではないだろうか。また、日々の実践において子どもに指示を出すときは、音声を通じて行う場合が多い。そこにも関連する内容である。

　音の数・種類、大小、位置、性質といった情報に関する記述が見られたことは、まさに見落としていた環境への気付きだろう。「環境が動物に提供するもの、用意したり備えたりするもの」[12] であるアフォーダンス、つまり環境の中に実在する、知覚者にとって価値のある情報を探索している過程であるとも言える。初めて、もしくは改めてアフォーダンスを探索、発見することは経験の豊かさへと発展していく可能性がある。

　また、音の情報について関係付けていた記述からは、子どもの思考の柔軟さが感じられた。探索、発見されるアフォーダンスが関係付けられることで、さらに豊富な気付きが生まれるのだろう。こうした点を価値付けられたことが、この目標に対する授業評価につながると思われる。

　そして、「生活や行動が変わる」目標については、計画では意図していなかったが、それに迫る記述を引き出すことはできた。環境教育においては、日常生活との結び付きが欠かせない。活動に対する意欲や価値付けを、日常の生活や行動に結び付けるような声かけや発問をしていれば、さらに目標に迫ることができたと考える。つまり、活動に対する意欲や価値付けから生活や行動の変容へとエンパワーしていくような展開である。環境教育におけるエンパワーメントの重要性は、藤井の授業分析[13] や、小玉・阿部の環境教育における参加型学習の概念の検討[14] においても言及されている。サウンド・エデュケーションにおいても、エンパワーメントという観点を考慮する必要があるだろう。

　最後に、授業に関する技術的な点としては、少数の意見をいかに生かすかということが挙げられる。1人の意見であっても、全体で共有することで、みんなの意見になる。それが学び合いであり、学校での集団教育のよさでもある。価値のある意見を全て取り上げることは容易ではないが、できる限り多くの意見を共有できるよう指導力を高めていくことが求められる。

第4節　環境教育におけるサウンド・エデュケーションの意義

　前節では、小学校における環境教育の目標とサウンド・エデュケーションの目標の関連性が高いことを述べた。したがって、サウンド・エデュケーションで目標に到達することによって、環境教育の目標にも迫ることができると考えられる。「生活や行動が変わる」目標については、今回の実践から結び付けることは難しいが、サウンド・エデュケーションの後半には「生活や行動が変わる」目標に迫る活動が充実してくる。教育現場の実態に応じて組み合わせを工夫し、3点の目標に迫る活動を計画、実践することが重要である。

　内容、方法論としては、まず感覚を通じて主体的に環境を捉える体験的活動という点で意義が見いだせると思われる。野中は昆虫試食の実践を行い、環境利用を通じて環境と人間の関係を理解していくプロセスにおいて、感覚を使った主体的体験は重要なものであると考察した [15]。聴覚という感覚を使った主体的体験であるサウンド・エデュケーションも、同様であると言えるだろう。

　また、活動場所の汎用性の高さも利点として挙げられる。サウンド・エデュケーションには、教室でも、屋外でも、基本的にどこでもできる活動が多く含まれている。教育現場の実態に応じて選択できるのである。例えば、環境教育においては、地域の特色も考慮することが求められるが、こうした場合も、地域に足をのばして課題を見つけるような問題解決学習を設定することができる。

　一方で、サウンド・エデュケーションでは迫ることが困難である目標も指摘できるだろう。例えば、「環境に対する豊かな感受性の育成」の説明には、「すべての環境に関する事物・現象に対して」とある。サウンド・エデュケーションは、あくまで聴覚を中心としたプログラムであり、すべての環境に関する事物・現象に対して意味付けしていく方法、内容ではない。鳥

越は、サウンドスケープ論において、「日々の生活における様々な空間の体験の中でその『聴覚的意識』を喚起しつつも、同時に、私たちの体験する空間はそもそも全身感覚的なものであり、視覚、聴覚、触覚といった諸感覚に分断することはできないこと、最も大切なのはその空間の『気配』であり『雰囲気』であることを示唆している」[16] と全身感覚的な意義に言及しているが、こうした目標に迫る具体的な内容、方法についてはサウンド・エデュケーションでは示されていないのである。この点については、他の環境教育における多様な内容、方法を調和させていく必要があるだろう。こうすることで、サウンド・エデュケーション、そしてサウンドスケープという概念は内容論、方法論においてさらに発展していき、環境教育における意義も深まると考えられる。

　以上みてきたように、環境教育におけるサウンド・エデュケーションの意義を深めるためには、全身感覚を用いた活動へと発展させていく必要性が示唆された。また、環境教育の目標に即して考えていくことも重要であることが考察された。

　全身感覚を用いた活動とは、五感を用いた活動といってもよいだろう。そこに自然と触れ合う要素を含めれば、原体験的な活動であるとも言える。原体験は環境教育の基盤として重要性が言及されている [17]。発達段階も考慮しながら原体験的な活動を実践に取り入れることは、意義があると考えられる。五感を用いた活動としては、「ネイチャーゲーム」[18]「シティ・サファリ」[19] といったプログラムが挙げられる。これらの活動の目標、内容、方法を整理し、サウンド・エデュケーションと関連させた新たな実践計画を考えていくことが、環境教育の今後の発展につながるだろう。

　また、教育現場の実態も踏まえる必要がある。荻原は、教育改革と環境教育の関係に対する教師の意識について研究を行ったが、小学校においては、総合的な学習の時間の削減により、環境教育が行いにくくなると考えている教師が多かった [20]。高橋は、環境教育指導資料をめぐる小学校教員の座談会から、掲載実践事例の時数の多さについて現場のニーズに応えていない点

を指摘している²¹⁾。こうした実態を踏まえながら、限られた授業時数を工夫したより汎用性の高い計画を考えていくことが求められる。

　次章の第5章では、こうした課題を補完すべく、サウンド・エデュケーションを発展させた環境教育の実践事例を通して、その目標と評価について考察していく。

注

1)　佐島群巳、「『総合的学習』における基礎・基本」、『帝京短期大学紀要』13号、帝京短期大学、2004、pp.25-40.

2)　海上知明、『環境思想：歴史と体系』、NTT出版、2005、289pp.

3)　鳥越けい子、『サウンドスケープ：その思想と実践』、鹿島出版会、1997、p.26.

4)　神林哲平・森川靖・佐古順彦、「地域・学校特性及び発達段階からみた環境教育の実態：埼玉県内の公立小学校を対象に」、『環境教育』25号、日本環境教育学会、2003、pp.40-47.

5)　力石泰文・土田義郎、「サウンド・エデュケーションの構築に関する研究：既往教育プログラムの分類・整理」、『サウンドスケープ』2号、日本サウンドスケープ協会、2000、pp.9-14.

6)　シェーファー、R.M.（著）、鳥越けい子・若尾裕・今田匡彦（訳）、『サウンド・エデュケーション』、春秋社、2009、p.16.

7)　国立教育政策研究所教育課程研究センター、『環境教育指導資料：小学校編』、東洋館出版社、2007、pp.15-16.

8)　平松幸三、「サウンドスケープの環境観」、『サウンドスケープ』1号、日本サウンドスケープ協会、1999、pp.8-11.

9)　小松正史、「主観的音聴取作業に基づいたサウンドスケープ調査：沖縄・鳩間島のフィールドワークから」、『サウンドスケープ』1号、日本サウンドスケープ協会、1999、pp.79-88.

10)　高城英子・原子栄一郎、「アクションリサーチによる中学3年生理科における環境教育の授業実践研究：生徒の環境に対する意識の変化をとらえながら」、『環境教育』25号、日本環境教育学会、2003、pp.31-39.

11)　前掲6、p.2.

12)　佐々木正人、『アフォーダンス入門』、講談社、2008、p.72.

13)　藤井信英、「高等学校での『地球温暖化／気候変動』の授業分析」、『環境教育』22号、日本環境教育学会、2002、pp.26-34.

14)　小玉敏也・阿部治、「『持続可能な開発のための教育』に向けた環境教育における『参加型学習』概念の検討」、『環境教育』31 号、日本環境教育学会、2006、pp.45-55.

15)　野中健一、「昆虫試食からわかった人間と環境との関係理解に向けた『感覚知』の重要性」、『環境教育』21 号、日本環境教育学会、2001、pp.30-37.

16)　前掲 3、p.159.

17)　小林辰至・山田卓三、「環境教育の基盤としての原体験」、『環境教育』4 号、日本環境教育学会、1993、pp.28-33.

18)　コーネル，J.B.（著）、吉田正人・辻淑子・晶田みづほ（訳）、『ネイチャーゲーム 1』、柏書房、1986、169pp.

19)　シェーファー、C.・フィールダー、E.（著）、遠州尋美・遠州敦子（訳）、『シティ・サファリ：子供の都市探検のためのガイド』、都市文化社、1989、214pp.

20)　荻原彰、「教育改革と環境教育の関係に対する教師の意識についての研究：三重県の小中高等学校を事例として」、『環境教育』37 号、日本環境教育学会、2008、pp.25-34.

21)　高橋俊吾、「新『環境教育指導資料』の活用に対する期待と今後の課題」、『環境教育』36 号、日本環境教育学会、2007、pp.55-60.

第5章
サウンド・エデュケーションから全身感覚へと拡張した環境教育

第1節　聴覚から全身感覚へ

　前章では、環境教育におけるサウンド・エデュケーションの意義について論じた。その結果、サウンド・エデュケーションの目標に到達することによって、環境教育の目標にも迫ることができると考察した。また、聴覚を通じて環境を捉える体験的活動の意義、活動場所の汎用性の高さを利点として挙げた。

　一方で、聴覚を通じて環境を捉えることにより、すべての環境に関する事物・現象には意味付けするのが困難であるという課題が生じた。その課題を踏まえ、最終的には全身感覚、すなわち五感を用いた活動と調和させていく方法の検討が求められることに言及した。シェーファーも、サウンドスケープ研究が「最終的には環境全体を対象とする広い研究の中に組み込まれて」[1]いく必要性を述べている。こうした経緯から、サウンド・エデュケーションを出発点として全身感覚を用いた活動を明確に位置付けた授業を計画、実践することで、偶発的ではなく意図的にその効果を探っていくこととした。事例としては、前章の授業実践を発展させた「サウンド・エデュケーションを五感（全身感覚）へと拡張させて環境を捉える学習」を取り上げる。なお、サウンドスケープ研究においては、感覚が分断されるという懸念から五感よりも全身感覚という表現が使われることが多い。ここでは、その点を十分尊

重しながらも、実践時における小学生への言葉の理解度などを考慮して方法論としては五感という表現を用いることとする。

　これらを踏まえて、本章では SCEEM を援用しつつ全身感覚を用いた活動の目標、内容、方法の検討や授業実践事例の構造化を通じて、サウンド・エデュケーションの目標と子どもの学習評価にどのように寄与する可能性があるのか考察することを目的とする。

第2節　全身感覚を用いた活動の構築

　授業の計画にあたって、まず全身感覚を用いた活動による効果や既存の体験活動についての先行研究から、その意義を検討することとした。また、研究において目的の設定が重要であるのと同様、授業においてもまず目標（目的）を明確にすることが求められる。したがって、環境教育の目標についても検討し、計画に活かすこととした。なお、このような計画の経緯の記述には、「構造化に至る軌跡」を示すという意図がある。

　全身感覚を用いた活動による効果は、いくつかの研究で明らかにされている。山田は、五感のうち触・嗅・味の基本感覚を伴った、人を介しての自然との直接体験を原体験と定義付け、長期記憶やイメージ化からの深い認識理解を意義として挙げている [2]。豊島・庭瀬は中学生を対象に創造的態度と体験、学力に関する調査を行い、自然事象や現象に五感を通して直接触れ合う体験は、創造性の育成につながる可能性があると述べた [3]。また、吉田・有村は、保育者養成課程において五感を使った表現を授業に取り入れ、1つの感覚を強く意識することはその他の感覚への鋭敏化につながり、相互の感覚を感受するといった感覚の意識化にも結び付くと考察した [4]。

　全身感覚を用いた既存の体験活動はいくつか見られるが、ここでは、「ネイチャーゲーム」「シティ・サファリ」「感覚環境設計」の3つを取り上げる。これらを取り上げた理由は、それぞれが体系化されたプログラムとして妥当と判断したためである。

　ネイチャーゲームは、コーネルによって開発された環境教育プログラムである[5]。全身感覚を用いた自然との直接体験を通して、自然への気付きや感性を育成することが目的となっている。また、フローラーニングと呼ばれる原則に基づいてゲームを組み合わせることによって、体系的に自然を学ぶことができるように工夫されている。近年では、自然教育とESD（持続可能な開発のための教育）をつなぐ可能性を持った活動であるという発展的な考察も見受けられる[6]。

　シティ・サファリは、カロリン・シェーファーとエリカ・フィールダーによって開発された環境教育プログラムで、全身感覚を通じて都市環境を見直し、人間と環境の関わりを深めることが目的となっている[7]。都留は、シティ・サファリの手法を生かして、社会科学習の実践を行った[8]。

　感覚環境設計は、環境省によって提示されたプログラムである[9]。音・かおり・光・ねつといった人間の感覚により認識される環境（感覚環境）を指標として、まちづくりに活かしていくことが目的となっている。

　次に、環境教育の目標（目的）について考察していく。ベオグラード憲章やトビリシ宣言においては、認識、知識、態度、技能、参加といった観点が示されている。より汎用性の高い目標の枠組みの検討にあたっては、あらかじめ示された目標を用いるトップダウン型と、現場から作り上げるボトムアップ型を考慮していく必要があるだろう。こうした観点に基づいて、ここでは原子が論じた「道具的メンタリティ」と「反省的メンタリティ」という2つのメンタリティ（事柄への向き合い方）[10]を関心相関的に選択する。道具的メンタリティは措定された目的・目標を所与のものとして受け取り、いかにして効率よく効果的にその目標を達成するかを考慮して知識を応用するという特徴がある。反省的メンタリティは、自明の理とされる目的・目標とその前提にある仮定条件を解明するとともに、目的・目標を達成するためになされる行為の意味や結果を検討するという特徴がある。それぞれのメンタリティを認識論まで掘り下げていくと、道具的メンタリティは実証主義的であり、反省的メンタリティは解釈主義的もしくは社会的構築主義的である。

つまりお互いのメンタリティは共役不可能性を有していることになる。しかしながら、SCEEM において共役不可能性は解消され、認識論的多元主義は担保されている。したがって、これらを効果的に組み合わせたトライアンギュレーションを用いることができるのである。

　図5-1 は、小学校における環境教育の目標の構築モデルである。まず道具的メンタリティという観点からは、前章でも扱った『環境教育指導資料（小学校編）』[11] に記載されている「小学校における環境教育の目標」を取り上げることとした。その理由としては、本章でも小学校の授業実践を扱うこと、1992 年版から改訂されたこの資料では、ESD との関連もより深められ

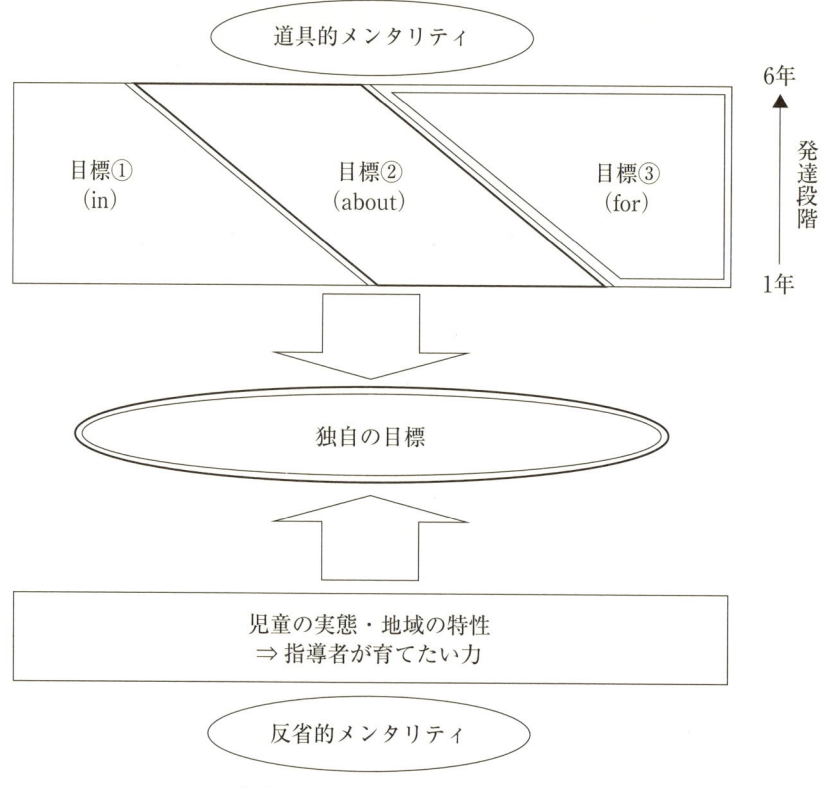

図 5-1　小学校における環境教育の目標の構築モデル

国際社会の今日的な動向と適合していることが挙げられる。この資料によると目標は次の3つに分けられ、1つ目は「環境に対する豊かな感受性の育成」（以下「目標①」とする）、2つ目は「環境に関する見方や考え方の育成」（以下「目標②」とする）、3つ目は「環境に働きかける実践力の育成」（以下「目標③」とする）である。いわゆる「in・about・for」の目標との関連においては、目標①が in、目標②が about、目標③が for とほぼ合致すると言ってよいだろう。

　目標①②③は、発達段階に応じた適切な組み合わせを考えて計画することでより効果的になると考えられる。発達段階を考慮した環境教育については、阿部が生涯教育の観点から論考しており [12]、ここではその中でも小学校段階に焦点化した形で示すことになる。次代を担う子どもにとっては、目標③のような環境を配慮した生活様式や行動が求められる。また、こうした行動へと結び付けるためには、目標②のような環境に関する見方や考え方を身に付けるとともに、意識の変容が必要である。意識が伴わない行動は結果論でしかなく、本質的とは言えないからだ。そして、その意識の変容には、目標①のような感性に訴えたきっかけを与えることが肝要であると考えられる。このように考えていくと、目標①を低学年時に重視し、中学年、高学年となるにつれて、②③の活動を増やしていくという流れが円滑だろう。埼玉県の公立小学校を対象に行われた環境教育の実態調査の結果からも、低学年時には感受性育成に関する実践が多く、知識・理解に関する実践は少ないということが帰納的に実証されている [13]。図5-1の上部はこれらの視座に基づいた発達段階と目標の関連性を示したものである。目標①②③の比率について、始まりの段階を1:2:3、終わりの段階を3:2:1としている。それによって、どの学年にも目標①②③が含まれ、かつ6年間での総量は同程度にすることができる。これによって、岩本ほか [14] や三石 [15] が指摘する発達段階配慮の固定的把握の危険性についても回避できると考えられる。

　また、同一学年内の授業においても、目標①をはじめとし、目標② → 目標③というように計画していくことで円滑に展開することができるだろう。

三阪は環境問題の認知・行動モデルを提示し、認知 → 知識 → 関心 → 動機 → 行動意図 → 行動という段階で進行していくことを考察した[16]。目標①は主に「認知 → 知識 → 関心」の段階、目標②は主に「知識 → 関心 → 動機」の段階、目標③は主に「動機 → 行動意図 → 行動」という段階であると解釈することで、妥当性が確保されると考えられる。

　次に反省的メンタリティという観点からは、「子どもの実態」「地域の特性」に基づいた「指導者が育てたい力」を取り上げたい（図5-1の下部）。子どもの実態については、一般的な発達段階に関する理論や社会的背景を考慮した上で、目の前の子どもに向き合って把握することが求められるだろう。方法としては質問紙調査、観察、面接調査などが挙げられる。それぞれの方法には一長一短があるため、相補的に活用することが効果的であると思われる。地域の特性については、まず指導者が実際に足を運びながら、子どもの視点に立って把握することが肝要であろう。子どもにとって身近な存在である地域は、興味・関心を高めやすいからである。最終的に、これらに基づいて指導者が育てたい力を考え、目標の内容や方法をより具体化、焦点化していく。このように、道具的メンタリティと反省的メンタリティを組み合わせることで独自の目標を作り出すことが可能となる。

　ここまでを踏まえ、前述の全身感覚を用いた体験活動と小学校における環境教育の目標を照らし合わせて、より汎用性の高い活動を探る。地域の特性に応じた環境教育プログラムを開発するには、汎用性の高い枠組みを提示する必要があると考える。前述の『環境教育指導資料（小学校編）』の実践事例には地域の特性まで組み込まれているため、そこから応用させて授業を組み立てていくのは現場からは困難なこともあるだろう。したがって、ここでは子どもの実態や地域の特性といった反省的メンタリティの観点については、あえて組み込まずに活動を提示することとした。また、高橋[17]の指摘のように指導時間数も課題となってくる。このような経緯から、目標、方法、内容に加えて、活動時間数、活動場所についても検討することにしたい。また、検討に先立って、ここでは「環境」を自然環境のように狭義な枠組みで

はなく「生物のまわりを取り巻く周囲の状態や世界」と定義しておく。

　表5-1は、上記の観点から各環境教育プログラムを整理したものである。まず、サウンド・エデュケーションについては、目標①②③ともに迫ることができると考えられる。しかしながら、方法としては聴覚を用いることに概ね限られており、全身感覚を用いる方法論は整備されていない。また、内容に関しても音環境に関することが大半であり、それ以外については十分とは言えない。活動時間については、プログラムの組み合わせ次第だが、目標①②③全てに迫るためには、15〜20時間程度は必要だろう。活動場所については汎用性が高く、学校内外どこでも活動できるプログラムとなっている。

表5-1　各環境教育プログラムにおける目標、方法、内容、活動時間数、活動場所

プログラム	目標	方法	内容	活動時間数	活動場所
サウンド・エデュケーション	①②③	聴覚	音環境	15〜20	汎用性高い
ネイチャーゲーム	①に重点	全身感覚	自然環境	1〜14	自然環境
シティ・サファリ	①②に重点	全身感覚	都市環境	52	都市環境
感覚環境設計	②③に重点	感覚環境（全身感覚）	まちづくり	15〜20	汎用性高い（一部制約）

　次に、ネイチャーゲームについては、目標①②③ともに迫ることは可能だと思われるが、感性を重視した自然教育実践という観点からは、目標①に重点が置かれている。方法については五感を用いており、ゲームによる活動性の高さも挙げられる。内容については、自然環境を中心としたものであり、都市環境などには対応しない場合もある。活動時間については、学校教育の事例では、1〜14時間と組み合わせによって異なるが、フローラーニングを意識した実践では7時間で計画されている[18]。活動場所についてはゲームによっては教室でできるものもあるが、基本的に自然環境で行う活動のため、校庭や校外が中心となる。

　シティ・サファリについては、目標①②に重点が置かれている。方法についてはネイチャーゲーム同様、五感を用いるとともにゲームによる活動性の

高さもある。都市環境が中心であり、都市の中に自然を見つけるといった内容であるため、自然に関する情報量は少ない。活動時間については、都留の実践では、総合的な学習の時間 31 時間、社会 21 時間の計 52 時間となっている[19]。活動場所は都市環境が中心であるため、自然環境にそのまま応用することは難しい。

　最後に、感覚環境設計については、目標②③に重点が置かれていると考えられる。方法としては感覚環境を指標としており、五感へつながる。内容についてはまちづくりに重点が置かれている。活動時間については 15 ～ 20 時間程度必要だろう。活動場所については感覚環境を指標としているため汎用性が高く、どこでも活動は可能であるが、最終的な目標はまちづくりであるため、自然環境ではある程度制約があると思われる。

　これらを踏まえて、「五感を用いた汎用性の高い環境教育プログラム」を構築することとした。具体的な観点としては、上記の検討から、目標①②③を網羅すること、方法、内容として五感を用いた活動とすること、活動時間数は『環境教育指導資料（小学校編）』における実践事例と比較して短いものにまとめること、活動場所としては地域の特性を柔軟に活かせるフィールドワークを取り入れること、等が挙げられる。これらの点を関心相関的に選択して授業を計画した。そして目標については、目標① → 目標② → 目標③というように円滑に移行していくような展開にした。

第 3 節　授業実践の概要

　東京都の市部にある私立小学校 4 年生児童 3 学級 107 名（男子 71 名、女子 36 名）を対象に、総合的な学習の時間を用いて授業を行った。当該学年の担任である筆者及び他 2 名の教員が授業者となった。2008 年 5 月～ 7 月の期間に実施し、活動時間数は全 14 時間で計画した。『環境教育指導資料（小学校編）』における実践事例では、総合的な学習の時間の事例が 4 つ掲載されている。それぞれの時数は、38、27、30、42 時間である。それらの実

践より短時間の計画とすることで、汎用性は高くなるだろう。活動場所は校内及び校外（フィールドワーク）である。フィールドワークにおいては、東京都内にある武蔵国分寺公園を利用した。この公園は 2002 年に開園し、10万㎡超の面積を有する。北側の泉地区では、円形芝生広場を中心にサクラ・ケヤキ・イチョウなどの巨木、滝、池、噴水などが見られる。また、南の西元地区では野鳥の森といった2次林が見られ、四季の変化に富む景観を持っている公園である。

　なお、このような条件開示は構造化に至る軌跡に該当するものである。こうした経緯を踏まえることで、活用できる射程が想定しやすくなるだろう。

　授業の大きなテーマは、「環境について考えよう」である。そのための手立てとして、サウンド・エデュケーションを出発点とし、五感を意識させることに重点を置いた。その五感をよりどころに、「自分達にとってよい環境は何か」について考え、最終的に行動に結び付けることができるよう配慮した。また、フィールドワークを取り入れることで活動性や実践性を高めたいと考えた。

　まず第1次（1時間扱い）の導入において、環境という言葉について確認し、身の回りの環境を知るためには五感が効果的であるということを知る。第2次（3時間扱い）では、五感の中から聴覚を用いてサウンド・エデュケーションを行い、次にその他の五感も用いて感性を養う。第3次（6時間扱い）では、実際にフィールドワークを行い、自分達にとって身近な環境で心地よい場所を探し、子ども同士で紹介する。第4次（4時間扱い）では、自分達にとってよりよい環境とは何かをグループで考え、劇等の形式で発表する。その際、五感を意識すること、よりよい環境にするためにどのような行動をするのが望ましいかを内容に取り入れることの2点について指導した。目標と活動の関連を示したものが図5-2である。活動が進むにつれて、目標①から目標②、目標③へと移行するような展開となっている。なお、前述のように意図的に反省的メンタリティの観点からの目標は図5-2に示していないが、それを付与することで活動の独自性を高めることが可能である。

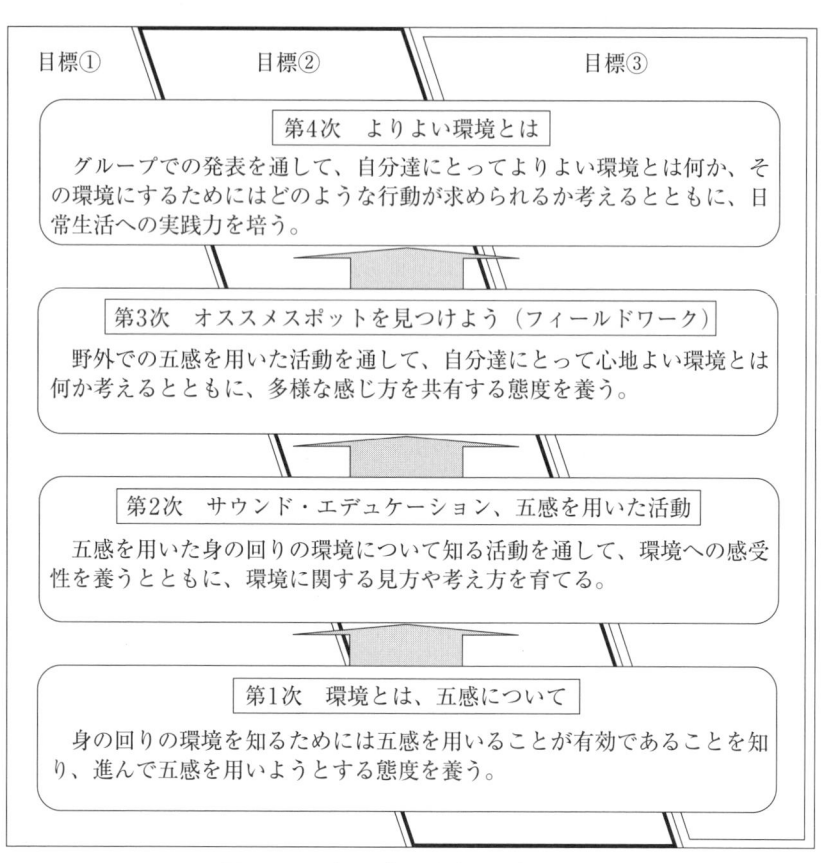

目標①　　　　　目標②　　　　　　　　目標③

第4次　よりよい環境とは

　グループでの発表を通して、自分達にとってよりよい環境とは何か、その環境にするためにはどのような行動が求められるか考えるとともに、日常生活への実践力を培う。

第3次　オススメスポットを見つけよう（フィールドワーク）

　野外での五感を用いた活動を通して、自分達にとって心地よい環境とは何か考えるとともに、多様な感じ方を共有する態度を養う。

第2次　サウンド・エデュケーション、五感を用いた活動

　五感を用いた身の回りの環境について知る活動を通して、環境への感受性を養うとともに、環境に関する見方や考え方を育てる。

第1次　環境とは、五感について

　身の回りの環境を知るためには五感を用いることが有効であることを知り、進んで五感を用いようとする態度を養う。

図5-2　目標と学習活動の関連モデル

　どの活動においても、最後に感想を書く時間を設けた。活動だけでなく、振り返ることで目標により迫ることができると考えたためである。近年、言語活動の充実が求められているが、活動の軌跡を自分の言葉でまとめることは「体験と言語（概念）の関連によってより深い理解へとつながる」[20] という視座からも有効だろう。

第4節　授業実践の分析

　構造化に至る軌跡を示すために、実践について順を追って記述し、目標に関連した具体的な子どもの姿について考察していく。それぞれの目標に関連した具体的な子どもの姿について、目標①は○、②は●、③は◎でカテゴリ化する。なお、文中のノート記述における明らかな誤脱字や発言の中の不明瞭な表現は筆者が修正している。そして、構造主義科学論に基づき、最終的にこの授業実践という現象を説明する構造（モデル）を提示することにより、広義の科学性を担保する。

【第1次：環境とは、五感について】
　導入では、「環境とは何か」と尋ねた。「地球の空気とか、陸地とか、そういうものの状態」「自然のバランス」といった意見が出された。日常的にメディア等で環境問題が取り上げられることから、地球温暖化と結び付ける子どもも見られた。そのうち、意味を調べてみようという展開になり、辞書を使って調べたところ、最終的には人や生物の周りの様子ということに整理された。そこから、自分達の周りの様子を確認し、「暑い」「乾燥している」「教室にゴミがある」「ワイワイガヤガヤしている」「辞書を引いている」といった発言がなされた。この時点では、子ども自身が五感で環境を知覚していることを明確に意識していないが、視覚だけではなく、聴覚、触覚でも環境を知覚していることがわかる。
　続いて、五感へ目を向けさせるために「環境を知るために体のどのようなところを使っているのか」について尋ねた。五官を確認し、それらの器官が五感を知覚することが共有された（○五感の意識化）。それから、環境を知るときに五感のうちどれが大切と思うか尋ねたところ、ある学級では子ども 34 人中、視覚が 31 人、聴覚が 1 人、嗅覚が 2 人、味覚、触覚は 0 人であった。このことは視覚優位の現代社会の縮図のようであるが、少人数なが

ら「目は閉じてるけど、口も。耳は閉じてないけど、口とかは閉じてるんですけど、鼻は、吐息をしているし、ずっと活躍しているから、鼻も大事」といった意見も見られた。シェーファーは、耳にはまぶたがなく「聴覚を意のままに停止させることはできない」[21]と指摘しているが、こうした観点を嗅覚にも拡張させる有意義な考えであると思われる（●視覚以外の五感の重要性）。学級でこの意見を共有することで、目標②の「環境に関する見方や考え方」の変容につながるきっかけとなる。

【第2次：サウンド・エデュケーション、五感を用いた活動】

　サウンド・エデュケーションでは、前章の実践における具体的な子どもの姿と同様の傾向が見られた。「音さがし」や「音追いかけゲーム」といった活動を通して、音環境に対する多様な気付きが芽生えたようである。

　嗅覚、触覚、味覚においては、サウンド・エデュケーションと同様に目をつぶって色々な物のにおいをかいだり、触ったり、口の中の味を感じたりする活動を行った。本実践では活動名をつけなかったが、サウンド・エデュケーションでの「音さがし」のように、「においさがし」「指先に神経集中」「口の中はどんな味」といった活動名をつけることで目的意識をより明確に持たせることができるだろう。

　嗅覚を意識させる活動では、「筆箱のにおいは皮のにおい」「ノートはのりのにおい」「鉛筆は木のにおい」など、身の回りの物を具体的に表現していた（○言語による五感の表現）。また、それぞれのにおいに関していいにおい、嫌なにおいというように自分にとってどう感じるかを述べる姿が見られた（○五感による嗜好性）。「○○君は、マジックペンのにおいが、きらいといっていたけれど、わたしは、あのにおいが好きでした」というように、人それぞれの感じ方があるという気付きもあった（●感じ方の多様性）。においと距離に着目した子どももおり、「ふつうにかいでもにおいはするけど、近づいた方がにおいはもっとする」という意見や、それに関連して「強いにおいは、風にのって遠い所にもくるけど、弱いにおいだと風にのっても遠い

所には、においはいかないで消えてしまうと思いました」というように、においがどのように拡散するのか考察する子どももいた（●五感の特性）。

　触覚を意識させる活動では、身の回りの物がどのような感触か、日頃よりも意識して触れることで様々な気付きがあった。嗅覚と同様に、「○言語による五感の表現」「○五感による嗜好性」がそれぞれの子どもで見られた。「つくえのひょうめんは場所によってざらざらしていたりつるつるしてるということがわかりました」というように同じ物であっても、場所や位置によって感触が違うということに気が付いた（●五感の特性）。その理由について、他の子どもは「なぜかというと、ふだんは、ノートにえん筆で、書く所は、のりとかを使っているから、ベトベトとかして、横やはじは、そんなに使っていないので、ツルツルだと思いました」というように考察している。「早く手を動かしていると、あんまり感じられないのでゆっくり動かした方がさわる場合には、感じやすい事がわかりました」といった意見も挙がった（●効率的な五感の操作）。

　味覚を意識させる活動では、それぞれの子どもの「○言語による五感の表現」「○五感による嗜好性」に対して、舌の部位によって感じる味が違うという知識を結び付ける子どもが見られた（●五感の特性）。この活動では、何も飲食していない口の中の味に限定したものであったため、発展性があまりなかった。例えば、色々な地域の水を飲み比べるといった活動を取り入れれば子どもの興味・関心をより高めることができたのではないかと思われる。

　これらの五感を意識した活動を通して、身の回りの環境に対して興味・関心を持って意欲的にかかわる姿勢が育まれたと思われる（○価値付け、○今後への意欲）。これは、目標①に迫るものである。特定の感覚器官のみに頼らずに五感を意識させたことから、全ての環境に関する事物・現象に目を向けることができた。授業後の感想の1つを以下に載せる。「今日は、きゅう覚、しょっ覚、味覚を使う勉強をしました。ぼくは、目が一番大事なのかなぁと思っていましたが、今日やこれまでのじゅ業で、全部大事だというこ

とがわかりました。ぼくが、今日のじゅ業で一番心に残ったことは、『きゅう覚』です。なぜかというと、鼻は、目や口よりも、鼻で先に知れることが多いからです。それに、遠くのにおいもかげるからです。今日のじゅ業で、五官は全部大事なんだということがわかりました」。この子どもは、最初の環境に関する授業で、目を最も使うと答えていた。しかし、サウンド・エデュケーションをはじめとする五感を意識した活動を通して、どれも大切だというように考えの変容が見られた（●視覚以外の五感の重要性）。つまり、環境に関する見方や考え方が変容したということであり、それは目標②に迫る内容でもある。

　なお、この五感を意識した活動は、「自分に立ち現れた知覚という経験の全て」というように現象学的に捉え直すことで、物理的な環境も主観的な環境も一元化し、共役不可能性を解消することができる。このように現象学的還元を五感に焦点化させた概念を「現象学的知覚」として定式化しておく。共通理解を目指した方法論的概念として有効に活用できるだろう。

【第3次：オススメスポットを見つけよう（フィールドワーク）】

　この活動では、2回にわたって、武蔵国分寺公園でのフィールドワークを行った。1回目は自分達の班にとっての心地よい場所を探す活動（オススメスポットを見つけよう）で、2回目は班以外の子どもにそこを紹介するという活動（オススメスポットを紹介しよう）である。フィールドワークにあたっては、子どもの関心が分散してしまわないよう、目的意識を明確にするような働きかけを行った。具体的には、班での活動にすることで連帯意識を高め、めあてを共有化させたり、フィールド内での子どもの五感を用いた気付きや発見に対して指導者側が積極的に価値付けをしたりすることである。

　「オススメスポットを見つけよう」では、それぞれの班が意欲的に五感を意識して心地よい場所を探している姿が見られた（◎五感を意識した行動）。その中で、子どもそれぞれが五感の中で重要と思ったもの、よく意識できたもの、もっと意識すればよかったものなどを考察していた。「場所によっ

て、五感を使う場所がちがう事」を考えた子どももいた（●五感の特性）。意欲的に場所を探している中で、「いいスポットがいっぱいありました」「あそこは色々な魚や虫がいっぱいいる、自然公園です」といったような感想を持った子どもや、「小鳥の声は、とても高いので、私も、ああいう風に、きれいな声が出たらいいのにと思いました」というように自然への憧れを持つ子どもも見られた（○自然への憧憬）。「季節によって落ちている実が、ちがうということがわかりました」「すごいと思ったことは、夏なのに、紅葉している木があったことです。私は、秋だけ紅葉はすると思っていました」など、季節に着目する子どもも見られた（●季節への意識）。そのことから、季節によってここちよい場所が変わるのではないかと考察する子どももおり、五感だけでない学習の広がりを見ることができた。活動を終えて、「みぢかなところもちょっと耳をすませるといろいろなおとが聴こえたりいろいろなもののにおいをかいだりするとものの見かたがかわってきました」というように、活動を通して身近な環境に関する見方、考え方が変容する子どもも見られた（●環境に関する見方の変化）。また、ある子どもは「私は、家族で何回か行った事がありますが、五感や三ツ星スポットなど、考えても使ってもいませんでした」というように、今までの自分の生活と比較していた（◎今までの生活との比較）。

　「オススメスポットを紹介しよう」では、まず班ごとにオススメスポットを紹介するパンフレットを作成し、事前に配付した。それによって、活動への興味・関心を高めることができたと思われる。また、活動にあたってはできるだけ多くのスポットをまわること、五感を使って体験してみること等の働きかけを行った。実際紹介する場面では、パンフレットを丸読みするのではなく、実物を触らせたり具体的な説明をしたりする工夫が見られた（●五感を用いた説明の工夫）。1回目のフィールドワークは晴天だったが、2回目は前日に雨が降り当日も曇天模様であった。そのため、「晴れていればねっ転がってしばふの気持ちよさを味わえるからです。けれど、今日は雨がふった後なのでしばふがぬれていて、残ねんながら、ねっ転がれませんでした」

というような感想も見られ、天候もここちよい条件に加わることがわかった（●天候の影響）。班によっては、オススメスポットが重なっていたところもあったが、「場所（スポットの）は、同じでもみんなの班は、1つ1つちがう考えをもっていたことがよかったです」というように、感じ方や視点の多様性を受容する態度が見られた（●感じ方の多様性）。この公園には鹿威しがあり、「水の力を使って竹が石に当たるようになっていて、その音はしずかで和風の庭という感じでした」「ぼくはこれを見た時、（あぁ、日本っていいなぁ。）と思いました」等、古来から伝わる日本の文化に目を向けたり耳を傾けたりする子どもが見られた（○文化への憧憬）。「前に行った時ぼくは、目で見られる物が多いと書きました。だけど今回は、耳や、鼻（で感じられるもの）をたくさんみつけました」というように、前次と同様に活動を通して視覚以外の感覚の大切さを感じ取った子どももいた（●視覚以外の五感の重要性）。「1回目、行った時は、あまりわからなかったが2回目は、1回行ったのでここは、ここにあってとすぐわかったのでおもしろかったです」というように場所への愛着が芽生えてきている子どももいた（○場所への愛着）。

　最後に自由時間をとったが、そこでも「ウグイスの鳴き声や、井戸水の冷たさを五感で感じました」「『だるまさんがころんだ』をやりました。これで、木にふせて、木のにおいがかげました」等、自発的に五感を意識する姿が見られた（◎日常生活への広がり）。

　次に載せる子どもの感想では、紹介する活動が自信につながったこと、学習を発展させて範囲を広げたいことなどが書かれており、その意欲がうかがえる（○価値づけ、○今後への意欲）。「お客さんが私のはんにきてくれたとき少しはずかしかったけど私がいいと思ったところをいいました。そしたらお客さんは『すごいね』と言ってくれたのではずかしさがとけました。お客さんの一言で自信がつくことをお客さんから教えてもらえて良かったです。（中略）4-1も4-2も4-3もこれから武蔵国分寺公園のよいところをさがしていきたいです。また武蔵国分寺公園に行って勉強していって東京都のよいところをみつけていきたいと私や4年生の人たちは思っていると思います」。

【第4次：よりよい環境とは】

　第4次は目標①②を踏まえながら、重点的に目標③に到達できるよう意識した展開となっている。前次までを振り返りながら、まずは自分達にとってよい環境とは何か考えるよう促した。そして、そのためにどんな行動ができるか考え、最終的に劇などの形式で発表させた。その際、五感を大切にして発表を組み立てるよう指導している。実際の発表では、人形劇やニュース番組のような形式も見られた。大学生を対象に環境問題をテーマにした即興劇を使った授業実践では、次のような知見が見いだされている。すなわち、身体で演じるという主体的な参加によって自分自身への気付きが促され、問題を自身のものとすること、他者への共感的な関係の中で問題が共有されるとともに、結論を急ぐのではなくそれぞれの考えが尊重されることといったことである[22]。本実践でもグループで表現するということから上記のような姿が期待される。

　具体的な子どもの姿として、環境配慮行動への意識が芽生えている子どもが多かったように思われる（◎環境配慮行動）。例として示すと、「ポイすてをしない」「ゴミが落ちていたらひろう」「花をつまない」「使った紙をリサイクルに出す」「空気をよくするために、車のアイドリングストップをする」といった意見が挙げられたのである。「動植物にえさや水をあげる」という意見もあったが、これは状況に応じて適切でない場合もあることをつけ加えておく必要があるだろう。

　次の子どもの感想には、五感を出発点として意識と行動の関係が象徴的に表れている。「○○君達のはんで気付いたのだけれど、五感を使って、ちょう覚だったら、葉っぱが風でこすれてそよそよいってるとか、きゅう覚を使って、花のいい香りがするとか、し覚を使って、きれいな花だなぁ。とか思っていれば、それは、自然を愛する心なのではないのかなあと思いました。そういう心を持てば、人間はポイすてをしなくなり、生き物が住みやすくなると思います。それが大切だと思いました」。五感を意識することが「自然を愛する心」につながるという考察である。そして、その心情が行動に結

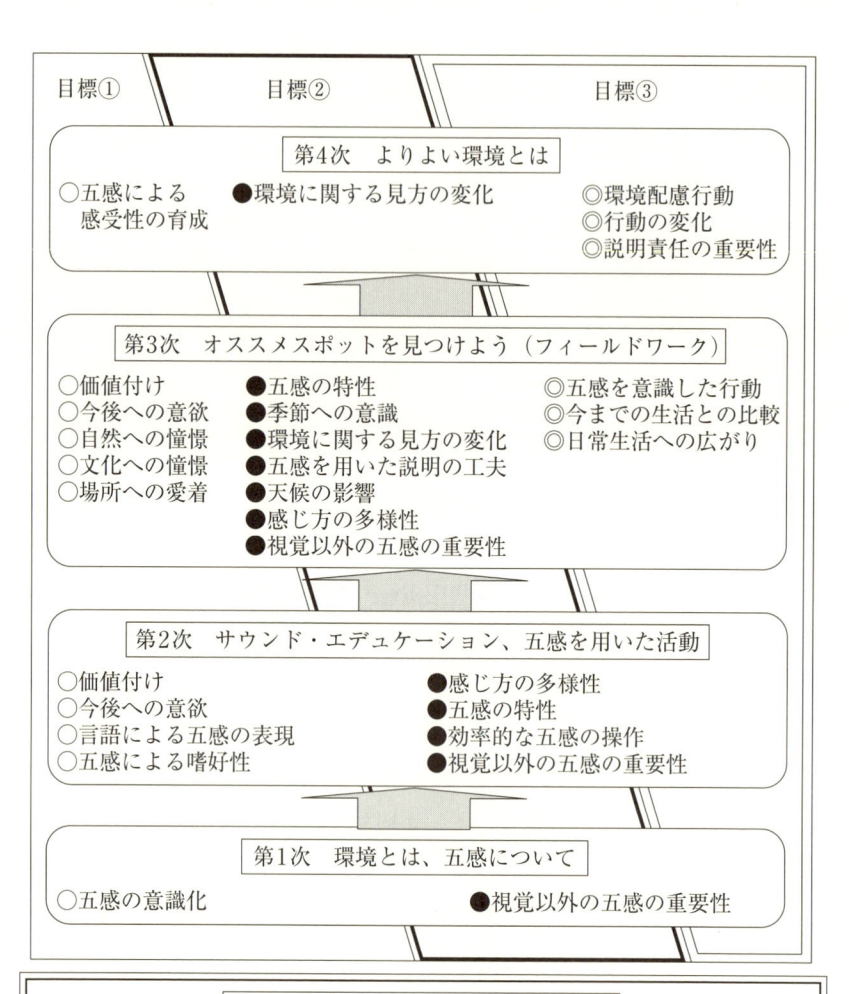

目標①　　　　　目標②　　　　　　　　　　　目標③

第4次　よりよい環境とは

○五感による　　●環境に関する見方の変化　　　◎環境配慮行動
　感受性の育成　　　　　　　　　　　　　　　◎行動の変化
　　　　　　　　　　　　　　　　　　　　　　◎説明責任の重要性

第3次　オススメスポットを見つけよう（フィールドワーク）

○価値付け　　　　●五感の特性　　　　　　◎五感を意識した行動
○今後への意欲　　●季節への意識　　　　　◎今までの生活との比較
○自然への憧憬　　●環境に関する見方の変化　◎日常生活への広がり
○文化への憧憬　　●五感を用いた説明の工夫
○場所への愛着　　●天候の影響
　　　　　　　　　●感じ方の多様性
　　　　　　　　　●視覚以外の五感の重要性

第2次　サウンド・エデュケーション、五感を用いた活動

○価値付け　　　　　　●感じ方の多様性
○今後への意欲　　　　●五感の特性
○言語による五感の表現　●効率的な五感の操作
○五感による嗜好性　　●視覚以外の五感の重要性

第1次　環境とは、五感について

○五感の意識化　　　　　　●視覚以外の五感の重要性

共通理解のためのメタ理論（SCEEM）

関心相関性：五感を用いた汎用性の高い環境教育プログラムの構築とその教育効果
現象学的知覚：自分に立ち現れた知覚という経験の全て
構造主義科学論、構造化に至る軌跡：広義の科学性の担保

図5-3　授業実践事例の構造化モデル

び付いていくということを述べている。心情の伴わない結果論としての行動よりも、より本質的な行動につながる考え方である。こうした子どもの発想を大切にしたい（○五感による感受性の育成、●環境に関する見方の変化、◎行動の変化）。

　次の子どもの感想は、環境を配慮する具体的な例や理由を出すことで伝えることの大切さを考えている。「私達のはんは、工事している時に、すごく何回もお願いしました。でも、工事の人は、むりと言っていました。だから私達は、小さな動物や、植物に気をつけてくださいと言いました。（中略）他のはんも、ちゃんとこうなると、こうなってしまいますと、ちゃんと、自分達がどうしてだめなのかくわしく説明してくれる所がいいと私は思いました。だって、何もかんきょうの事を知らない子がいきなり言われてもこまります。だから、ちゃんと、自分達が伝えたい事を、しっかり、その子に伝えられれば、私は、いいと思いました」。次世代につなげていくために、こうした意識が大切であることを如実に物語っているように思われる（◎説明責任の重要性）。

　図5-3は、SCEEMを踏まえて、本事例を構造化したものである。関心相関性、現象学的知覚、構造主義科学論、構造化に至る軌跡といった共通理解のための方法論的概念を土台に、環境教育プログラムを据えることで、授業者の意図がより明確になると考えられる。また、実践における具体的な子どもの姿は「期待される教育効果」に変換している。どの目標に該当するかを明示していることによって、評価規準作成にも活用できるだろう。

第5節　全身感覚と生活世界

　本章では、サウンド・エデュケーションを出発点として全身感覚へと拡張した実践事例を分析してきた。全身感覚へと拡張することで、サウンド・エデュケーションのみの実践だけでは成しえなかった環境全体について、気付きや見方、考え方が広がったと言えるだろう。そうした全身感覚の意義につ

いて、本節では「生活世界」をキーワードに考えたい。

　生活世界とは、現象学の始祖、フッサールの後期哲学の概念である。フッサール自身によると「一切の個別的経験の普遍的基盤として、*経験の世界として*、一切の論理行為以前に直接にまえもってあたえられるような」[23] 世界ないし「それだけがただ一つ現実的な世界であり、現実の知覚によって与えられ、そのつど経験され、また経験されうる世界」[24] と定式化されている。つまり、客観的世界以前の生きられた世界のことであり、前科学的な世界とも言える。そもそも人間は生まれながらにして客観的な認識を有しているわけではない。客観的な空間や時間以前に、主観的な空間や時間がある。科学的な真理を確信するのも、この生活世界が基盤としてあるためなのである。全身感覚との関連で捉えれば、まだ五感が分断される以前の世界のことを示していると言えよう。メルロ＝ポンティが「客観的世界の手前にある生きられた世界においてこそ、われわれは客観的世界の権利と限界とを理解しうるのだろうから、まず最初になすべき哲学的行為は、この生きられた世界に立ち帰り、物にはその具体的な相貌を、有機体には世界に対処するそれ独自の仕方を、主体性にはその歴史への所属性を、返却することだろう」[25] というように、視覚優位の現代社会においても、まずはその基盤である生活世界から出発するということが大切なのだと考える。すなわち、まだ五感に分断されていない全身感覚で生きられている世界が出発点になるということである。

　生活世界から始め、そこにサウンド・エデュケーションを取り入れていけば、そこには自ずと全身感覚が包含される。サウンドスケープ思想は視覚の優位性を相対化するものの、決して聴覚の優位性を謳う概念ではない。聴覚優位というのであれば、それは視覚優位の構図と同様になってしまうためである。そうではなく、全身感覚で捉えるための契機として聴覚を出発点とするということなのだ。シェーファーはまた、総合芸術に関する文脈で「5歳のこどもにとっては、芸術は生活で、生活は芸術」[26] であると語っている。これは、生活世界を価値付けていると考えられよう。それから、「そのこど

もたちが学校にはいるとたちまち芸術は芸術、生活は生活に」[27] なるとし、全身感覚の分断に警鐘を鳴らしているのである。もっともシェーファーは、第3章第5節で述べたように特定の感覚を研ぎ澄ますためであれば、一時的な感覚の分断については否定をしていない。そして、第3章第6節で引用したように「最終的には、知覚のそれぞれのレベルをみがいたあとで、あらゆる芸術形態を再構成する全体芸術へとふたたび転じるでしょう。それは『芸術』と『生活』がおなじ意味をもつことばであるような状況です」[28] と述べている。つまり、生活世界に始まり、一時的に離れるものの、最終的にはまた生活世界に戻るということである。シェーファーは芸術について言及したが、これは本章での環境教育を含めた学習についても同様であろう。実践事例に見られる生活へと結び付く子どもの発言や感想には、説得力があり、学びが深まっていると言える。すなわち、芸術と生活が同じ意味を持つように、「学習」と「生活」が同じ意味を持つということが本来的でなければならないのである。これは、日本の教育において長らく論争されてきた系統主義と経験主義の構図に近い。このように考えると、シェーファーの教育観もまた経験主義的であると考えられる。第3章第5節で技術中心主義への批判を指摘するために一部を引用した、次の言葉がある。

　　おしえられる課目すべては、知識獲得か自己表現の本能を満足させるものとして、2つに分類することができるようにおもわれます。歴史は知識獲得課目であり、先生の心から生徒の心に一連の事実を伝達することから、（おそらく不当にも）なりたちます。音楽は美術や文芸創作など、あらゆる創作活動のように、何よりも表現課目です。そうであるべきだということです。ところが、理論、技術、暗記などを強調するあまり、それは知識獲得の方になってしまっています。[29]

　ここからは、技術中心主義に加え、系統主義への批判が明らかである。この指摘は音楽教育だけでなく、教育全般に関わる重要な問題提起であると考えられる。生活世界を基盤とするならば、子どもの生きられた経験を出発点としなければならないのである。

　本節では、生活世界をキーワードに全身感覚との関係について考察してきた。次章では、まさに生活世界が出発点である生活科におけるサウンド・エデュケーションの実践事例の分析を通して、その目標と評価についてさらなる探究を進めていく。

注

1)　シェーファー、R.M.（著）、鳥越けい子・小川博司・庄野泰子・田中直子・若尾裕（訳）、『世界の調律：サウンドスケープとはなにか』、平凡社、2006、p.42.

2)　山田卓三、「理科のベースとなる自然体験：原体験、この『無用の用』の重要性」、『初等理科教育』36-8 号、日本初等理科教育研究会、2002、pp.14-17.

3)　豊島禎廣・庭瀬敬右、「中学生の創造的態度についての研究：『原体験』と学力との関連を通して」、『理科教育学研究』41-2 号、日本理科教育学会、2000、pp.1-8.

4)　吉田収・有村さやか、「保育者養成における表現の教育についての一考察：『五感を使った表現』の授業の試み」、『小田原女子短期大学研究紀要』41 号、小田原女子短期大学、2011、pp.49-57.

5)　コーネル、J.B.（著）、吉田正人・辻淑子・晶田みづほ（訳）、『ネイチャーゲーム 1』、柏書房、1986、169pp.

6)　降旗信一、「環境教育実践としてのネイチャーゲームの成立と発展」、『環境教育』24 号、日本環境教育学会、2003、pp.3-14.

7)　シェーファー、C.・フィールダー、E.（著）、遠州尋美・遠州敦子（訳）、『シティ・サファリ：子供の都市探検のためのガイド』、都市文化社、1989、214pp.

8)　都留覚、『調べ学習：五感を使って「まち」を見直すシティサファリ』、学事出版、2004、126pp.

9)　環境省、『「いい感じ」のまちづくり：感覚環境のモノサシをまちづくりに織り込むために』、環境省、2008、47pp.

10)　原子栄一郎、「環境教育というアイディアに基づいて環境教育の学問の場を開く」、『環境教育』43 号、日本環境教育学会、2010、pp.88-101.

11)　国立教育政策研究所教育課程センター、『環境教育指導資料：小学校編』、東洋館出版社、2007、180pp.

12)　阿部治、「生涯学習としての環境教育」、『子どもと環境教育』、東海大学出版会、1993、pp.2-16.

13)　神林哲平・森川靖・佐古順彦、「地域・学校特性及び発達段階からみた環境教育の実態：埼玉県内の公立小学校を対象に」、『環境教育』25 号、日本環境教育学会、2003、pp.40-47.

14)　岩本泰・原子栄一郎・古田悦造、「『環境教育指導資料（中学校・高等学校編）』の内容分析：関連・連携の視点から」、『環境教育学研究』10 号、東京学芸大学、2000、pp.13-22.

15)　三石初雄、「小学校環境教育カリキュラムの編成原理の考察」、『環境教育学研究』14 号、東京学芸大学、2004、pp.1-15.

16)　三阪和弘、「環境教育における心理プロセスモデルの検討」、『環境教育』25 号、日本環境教育学会、2003、pp.3-14.

17)　高橋俊吾、「新『環境教育指導資料』の活用に対する期待と今後の課題」、『環境教育』36 号、日本環境教育学会、2007、pp.55-60.

18)　日本ネイチャーゲーム協会、『学校で役立つネイチャーゲーム 20 選』、明治図書、1997、130pp.

19)　前掲 8、pp.44-47.

20)　秋田喜代美、「言語活動の熟達に向けて」、『教育研究』66-8 号、筑波大学附属小学校、2011、pp.22-23.

21)　前掲 1、p.41.

22)　武田富美子、「『米軍基地と環境問題』をテーマに即興劇をつくる：教職をめざす学生による授業」、『環境教育』41 号、日本環境教育学会、2009、pp.42-51.

23)　フッサール、E.（著）、ランドグレーベ、L.（編）、長谷川宏（訳）、『経験と判断』、河出書房新社、1975、p.33.

24)　フッサール、E.（著）、細谷恒夫・木田元（訳）、『ヨーロッパ諸学の危機と超越論的現象学』、中央公論新社、1995、p.89.

25)　メルロ＝ポンティ、M.（著）、中島盛夫（訳）、『知覚の現象学』、法政大学出版局、1982、p.111.

26)　シェイファー、M.（著）、高橋悠治（訳）、『教室の犀』、全音楽譜出版社、1980、p.22.

27)　同上.

28)　前掲 26、p.23.

29)　前掲 26、p.15.

第 6 章
生活科におけるサウンド・エデュケーション

第1節　気付きと感性

　第 4、5 章では、環境教育の目標とサウンド・エデュケーションの目標を関連付けながら考察を進めてきた。本章では、小学校低学年の教科として設けられている生活科における授業実践事例を分析することを通して、サウンド・エデュケーションの目標と子どもの学習評価について、さらなる論考を押し進めていく。第 3 章での音楽教育、第 4、5 章での環境教育、そして本章での生活科教育と、サウンドスケープ思想ならびにサウンド・エデュケーションの学際性が見て取れるだろう。

　生活科では、平成元年の学習指導要領改訂において新設された当初から、子どもの「気付き」を尊重していることが特徴の 1 つと言えよう。その後、平成 10 年改訂における「知的な気付き」といった変遷を経て、平成 20 年改訂の学習指導要領では、「気付きの質を高める」ことが 1 つのキーワードとなっている。学習指導要領においては、自らの気付きを振り返ったり、お互いの気付きを交流したりする学習形態の中で、見つける、比べる、たとえるなどの多様な活動を行うことが気付きの質を高めるとされている[1]。そして、これに関連して気付きの質を高めるための有効な方法を模索する研究も見られるようになってきた。

　ここで、サウンド・エデュケーションが目標とする「感性」と、生活科の

「気付き」の関連性に着目したい。感性とは、文字通り捉えれば「感」じる「性」質である。これは何らかの対象を感じるということであり、必ずしも物理的な知覚だけにとどまらない。想起や予期、想像といった意識についてもその対象となりうるのである。感性を何らかの対象を感じる性質として捉えるならば、それは生活科における「気付き」の土台になると考えられる。何かを感じる心がなければ、気付きにはつながらないからである。本書では、第1章第5節で感性を「日常では当たり前になっていて気付かないこと（＝自明性）について、感じたり考えたり価値付けたりすることのできる創造的な能力」と定義した。自明性を破る原動力として感性を捉えることで、気付きの質を高めることにつながると考える。

　以上を踏まえ、本章では感性と気付きの関連性に着目して、生活科におけるサウンド・エデュケーションの意義と可能性について探ることを目的とする。具体的には、サウンド・エデュケーションではどのような気付きが生じるのか、気付きの質を高めるために感性は有効な手段たりうるのか、生活科での実践を通してその意義と可能性を構造化していく。なお本章は、「サウンドスケープ研究」と「生活科における気付きの研究」に関する論考として位置付けられる。サウンドスケープ研究としては、今までの実践事例では見られなかった「生活科でのサウンド・エデュケーション」という新たな試みを位置付けるものである。そして、生活科における気付きの研究に関しては、気付きに関する研究の5領域[2]における「学習対象と気付きとの関係に関する研究」に位置付けられよう。

第2節　授業実践の概要

　実践は、2012年10月から2013年3月まで、およそ週1回程度、合計19回に渡って行われた。対象は東京都の市部にある私立小学校の2年生3学級108名である。

　活動の主な目標と活動名、活動内容で構成される全体指導計画は表6-1の

表6-1　サウンド・エデュケーションの全体指導計画

主な目標	活動名	活動内容
音をさがす	①音さがし	1分間静かにして、身近な音をさがす。
	②好きな音さがし	2分間で好きな音をさがし、その理由を考える。
	③苦手な音さがし	2分間で苦手な音をさがし、その理由を考える。
音をしらべる	⑤階段の音	階段を色々なペースで上り下りして、音の違いを考える。
	⑥静かな場所	学校内で一番静かな場所をさがし、その理由を考える。
	⑧音日記	「朝起きて最初に聴いた音」など、1日の音の様子を日記に書く。
	⑬扉の音	扉の形や音の出し方を意識して、扉の音を書く。
音をつくる	④音追いかけゲーム	音を出しながら動き回る複数の人を、指で追いかける。
	⑦音づくりゲーム	グループで身のまわりの物を1つ選び、交代で色々な音をつくる。
	⑨絵にぴったりの音	色々な形に合う音を想像する。（レベル1〜10）
	⑪音交換ゲーム	2人で音を出しながら歩き、すれちがった時に音を交換する。
	⑮素敵な名前ゲーム	友達に素敵だと思ってもらえるように名前を呼ぶ。
音をおもいだす	⑩夢で聴いた音	夢で聴いた音やその様子、感じたことを書く。
	⑫一番○○な音	今までで一番○○だった音を思い出し、様子や感じたことを書く。
	⑭自分だけが聴いた音	周りの人は聴こえないのに自分だけが聴いた音を思い出して書く。

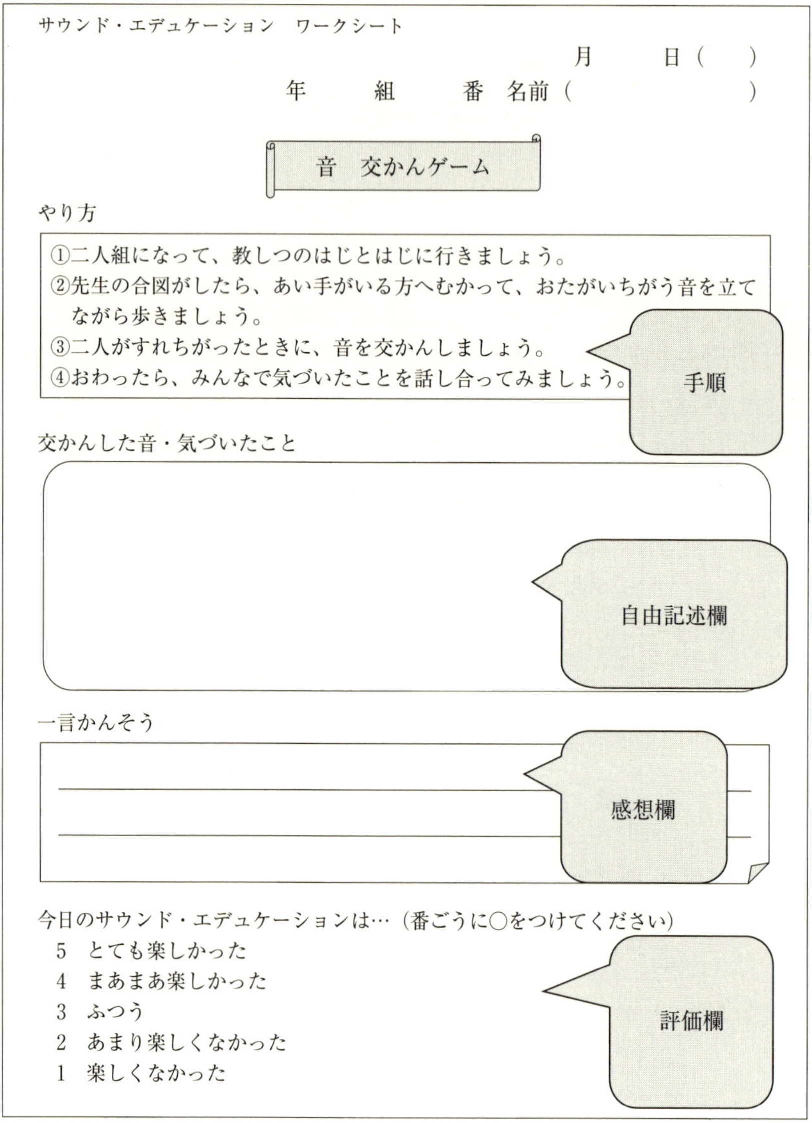

サウンド・エデュケーション　ワークシート

月　　　日（　　）

年　　　組　　　番　名前（　　　　　　　）

音　交かんゲーム

やり方

①二人組になって、教しつのはじとはじに行きましょう。
②先生の合図がしたら、あい手がいる方へむかって、おたがいちがう音を立て
　ながら歩きましょう。
③二人がすれちがったときに、音を交かんしましょう。
④おわったら、みんなで気づいたことを話し合ってみましょう。

手順

交かんした音・気づいたこと

自由記述欄

一言かんそう

感想欄

今日のサウンド・エデュケーションは…（番ごうに○をつけてください）
　　5　とても楽しかった
　　4　まあまあ楽しかった
　　3　ふつう
　　2　あまり楽しくなかった
　　1　楽しくなかった

評価欄

図6-1　サウンド・エデュケーション　ワークシート

通りである。活動名についている番号は、実践された順番を示している。「⑨絵にぴったりの音」が5回に渡るため、合計19回となるわけである。取り組みやすい「音をさがす」活動は全体計画の前半に行い、「音をしらべる」、「音をつくる」活動へと発展していく。「音をおもいだす」活動は物理的な音を対象としない場合もあるため、その多様性を踏まえて全体計画の後半に位置付けた。

　なお、実践においては、独自のワークシートを作成して行った（図6-1）。主な特徴としては、子どもにとって理解しやすく見通しの持てる手順の提示、絵や図も可能な自由記述欄、児童の変容を見取るための感想欄、自己評価や授業のフィードバックをうながす評価欄がある。このワークシートは、返却後台紙に貼り付けていくことでポートフォリオとなり、最後にそれを活用して振り返ることが可能である。また、活動だけで終わるのではなく、手順の最後には「終わったら、みんなで気付いたことを話し合ってみましょう」という文言を記載した。これは、比較することで気付きを深め、そしてその気付きを共有することにつなげたいという意図からである。そして、授業後の感想は授業者が次回の授業開始時などに適宜紹介した。子どもが「自分も紹介してほしい」という気持ちを抱くことで、活動はもちろん、内容や書き方を活用しようとする意欲を高めてほしいという意図がある。気付きの質を高めるための手段として「書くことの構成原理」の設定があるが[3]、その中の「書いたものが活用されるようにする」という文脈に位置付けることができよう。

第3節　授業実践の分析

　本章はサウンドスケープ研究に位置付けられるため、SCSM の枠組みを用いて分析を行っていく。これに基づいて生活科におけるサウンド・エデュケーションの意義と可能性を構造構成していくこととなる。分析においては、気付きという観点に即して子どものワークシートの記述から内容を項目

化した。その結果、内容は〈○音への気付き〉、〈●自分への気付き〉、〈◎他者への気付き〉、〈□活動そのものへの気付き〉の４つに大きく分類された。それぞれ区別をしやすいように、○●◎□の記号をつけて示している。以下の記述では、これらの項目の記号の後に具体的な内容を記載することとした（例：○音の性質）。なお、「」はワークシートの記述の抜粋である。字数の都合や読みやすさを考慮して、ひらがなは漢字にし、誤字脱字も修正している。また、抜粋が途中までのものは、終止形に変換した（例：聴こえて → 聴こえる）。

【音さがし】2012/10/4（木）

　この活動では、校内にある中庭で、１分間耳をすまして音を聴いた。中庭は校舎に囲まれる形で、中央にはアスレチック施設がある。東側には、植栽を隔てて中学、高校の校庭が隣接されている。音は〈〜の音〉のような表現でも、オノマトペでもよいことにしたため、実際はオノマトペだけで記入する子、図6-2のように混合させる子など、多様であった。オノマトペが知的な気付きの手がかりになりうるという知見[4]を参考に、本活動でも積極的に取り入れることとした。本時では、「（中高生の）笑い声」「ふえの音」「ボールの音」「歩く音」「鳥の声」「虫の声」「風の音」といった音風景が構成された。気付きについては、「他の場所で違う音が聴こえる」「静かにすると色々な音が聴こえる」（○身近な音の発見）、「今まで聴こえなかった音が聴こえ

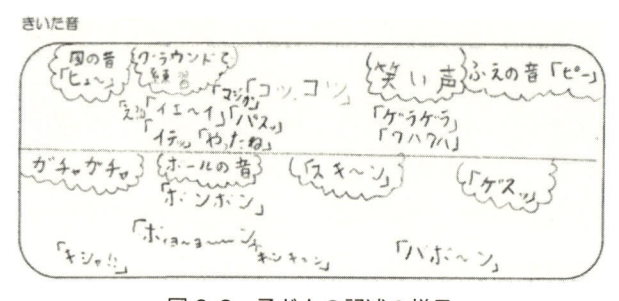

図6-2　子どもの記述の様子

た」（●自己の変容・成長）、「さわやかな気持ちになる」（●肯定的な感情）、「みんな聴いている音が違う」「みんな同じ音を聴いても、聴こえ方が違う」「声の聴き方は同じでも、音は違った」「音の感じ方が色々ある」（◎聴き方・感じ方・嗜好の多様性）などが見られた。

【好きな音さがし】2012/10/11（木）

　前時は音を探すだけだったが、本時は音に各々が価値付けをするという観点から、好きな音を探す活動を行った。聴く場所は校庭に設定し、2分間で探すこととした。校庭は人工芝で、周りは植栽に囲まれている。壁を隔てて北側に道路がある。前回同様、記述については〈～の音〉でもオノマトペでも構わないこととした。今回は好きな理由も書かせることで、価値付けの深化を図った。好きな音風景としては、校庭内で「人の声」「虫の声」「鳥の声」「風の音」「花がゆれる音」、道路から「自動車の音」「自転車の音」「歩く音」、上空から「飛行機の音」といった状況であった。それぞれ理由は多様であったが、例えば人の声であれば「面白い」「楽しそう」、鳥の声であれば「きれい」「かわいい」「やわらぐ」、歩く音であれば「リズムがよくて楽しくなる」、飛行機であれば「一番好きな乗り物」といったことが記述されていた。子どもの気付きとしては、「身近な音でもこんなにきれいな音がたくさんある」「字にできないような音や聴いたことない音がいっぱいあった」「きれいな音やかわいい音やさわやかな音があった。全部の音が小さかった」（○身近な音の発見）、「この前と違う音が面白くなってきて、もっともっと音が好きになってきた」（●自己の変容・成長）、「聴く音が一緒でも、理由が違って面白い」（◎聴き方・感じ方・嗜好の多様性）などがあった。

【苦手な音さがし】2012/10/19（金）

　前時は好きな音を探したが、本時は対照的に苦手な音を探す活動を行った。過去に行った同様の実践で、苦手な音は静かに耳をすますだけではなかなか見つからなかったという経緯から、今回は自分達で音を出してもよいこ

ととした。したがって、音さがしというより音づくりという方が適切かもしれない。結果としては、オノマトペの記述が前時よりも増えていた。様子が分かる音を理由とともに記載すると、「さけぶ音（大きい音だから）」「ドアをドンドンたたく音（こわいから）」「悲鳴（うるさい）」などがあった。気付きについては、「苦手な音を自分で言っていると不思議に思えて面白い」（□活動に対する不思議さ・驚嘆）、「みんながキライな音を全部出すと、1つの音みたいになる」（○音の大小・高低・重なり・響き）といった内容が記述された。

【音追いかけゲーム】2012/10/25（木）

　2人が指定された音を立てながら教室内を動き回り、他の子どもは席に座ったまま目をつぶり、2人の音を聴いて指さしながら追いかける活動である。ワークシートではレベル2までの難度を設定していたが、今回はレベル3として自由に音を出して動き回る活動も加わった。子どもの気付きとしては、「時々聴こえない音があった。音が重なるからちょっとだけ大変だった」（○音の大小・高低・重なり・響き）、レベル3での活動に関して「3組にこんな変な声を出せる人がいるなんて知りませんでした」（◎他者のよさからの学び）、「追いかけるのが難しかった。なぜかというと、目で見られないから」「変な場所や歩くのが速かったり難しかった」（□活動に対する難しさ）などが見られた。

【階段の音】2012/11/15（木）

　校舎内の階段を色々なペースで上り下りし、その様子を調べる活動である。本時では、普段使用することのできない3〜4階の階段で行った。行ったことのない場所に行けるということから、子ども達の関心を高めるためである。活動の様子としては、急いで上ったり、そっと下りたりと、試行錯誤しながらその音を調べていた。記述では、力を入れて上り下りしているときは濁音「ドドド」「ドンドン」で、普通の上り下りでは「トントン」など清

音であるという傾向であった。その他にも、「キュキュ（足をすべりどめに
すべらせる）」「パタンパタン（かかとから）」などの記述が見られた。気付
きは、「力を入れて歩く時と、力を抜いて歩く音は全然違う」「教室の音と違
い、音が響いていた」（○音の大小・高低・重なり・響き）、「一度聞いたら
もう同じ音が聴けない」（○音の一回性）といった内容であった。

【静かな場所】2012/11/29（木）

　この活動では、休み時間などを利用して帰りまでに学校で一番静かな場
所を見つけるという形式で、朝にワークシートを配付した。静かな場所とし
ては、「テスト中の教室」「図書室」「トイレ」「廊下」「階段」「校庭」「中庭」
「体育館」と多様であったが、理由は「人がいないから」「集中しているか
ら」「静かにしないといけないから」の３つにほぼ集約された。気付きとし
て、「うるさい場所が多いけれどもよく聴いてみれば、静かな場所もあるか
ら聴くことは大切だ」（○身近な音の発見）、「静かだと、風の声が聴こえる
からいい気持ちになる」「静かな場所に行くと、すごくあせったりしないで
すむ」（●肯定的な感情）、「本当は、とても静かな場所が苦手でしたがこれ
で静かな場所が好きになりました」（●自己の変容・成長）、「静かな所を見
つけるのは難しいです。学校はいっぱい人がいるから」（□活動に対する難
しさ）、「ルールを考えると見つかるんじゃないか」（□活動に対する工夫）、
「静かな場所なんて気にしないけど言われてみると色んな静かな場所があっ
てびっくりした」（□活動に対する不思議さ・驚嘆）などが見られた。

【音づくりゲーム】2012/12/6（木）

　６人グループで身の回りのものを１つ選び、１人ずつ音を出していくゲー
ムである。それぞれ選んだものは、1ℓます、定規、マジックペン、鉛筆、
机、ホチキスであった。例えば鉛筆なら叩いてみたりこすってみたりするな
ど、一人ひとりが工夫して音をつくっていた。以前の「好きな音さがし」と
も関連させて、気に入った音があれば記入するようにワークシートの手順に

は載せていた。今回の活動で、子ども達にとって印象的だったのは、「1ℓ ますを耳に当てると、音がする」という発見だったようである。貝殻を耳に当てるのと同じ要領で、他のグループも真似をして音を楽しんでいた。気付きに関しては、「おんなじ所で音を出しても、ちょっと違うことが不思議に思った」（○音の一回性）、「いつもいつもサウンド・エデュケーションをしているので色んな音を思い付いた」（●自己の変容・成長）など、活動を繰り返すことで気付きの質が高まるような内容の記述であった。

【音日記】2012/12/22（土）～ 2013/1/7（月）

　冬休み中には、〈冬休みの1日について音の日記をつける〉という課題を出した。除夜の鐘のことや初詣、スキーなど、冬の季節や年末年始ならではの題材が複数見られた。例えば、「僕は今日初詣に行きました。一番大きかった音は僕の突いた鐘の音です。一番きれいだったのは水琴の音です。なぜなら水を入れると不思議できれいな普段聴かない音だったからです」といった内容である。気付きは多様だったが、「音には、耳で聴こえるだけではなくてお腹に響く音もあるんだなぁと思った」「一生懸命やっていると時々音と自分の息しか聴こえなくなる感じがある」（○全身感覚的な聴取）といった興味深い記述があった。

【絵にぴったりの音①～⑤】2013/1/16（水）、25（金）、26（土）、30（水）、2/5（火）

　ワークシートに描かれている抽象的な絵を見て、それに合う音を想像する活動である。想像された音は擬音語だけでなく擬態語のオノマトペも含まれているが、ここでは詳細には迫らず、自由な発想を尊重して授業を行った。ここで表現されたものは、言葉の力を豊かにすると考えたためである。理由としては、「～みたい」というたとえ、「転がす」などの行為を加えるもの、「ガタガタしている」などの様子を表すものといった傾向が見られた。また、レベル5からは、絵に書き込みをして新たなたとえをするといった工夫も見

られた。そして教室にある教材や、1学期に行ったカイコの飼育に使用した道具など、日常生活との結び付きから豊かに想像を膨らませたことがうかがえた。このようにたとえが多く用いられることは、気付きの質を高めるきっかけとなるだろう。気付きについて、①では「同じ絵なのに人と人で違うなんてびっくり」「みんな同じものを見ているのに頭の中ではみんな違う音がうかぶのが不思議」（◎聴き方・感じ方・嗜好の多様性）、②では「1つの絵でも、人、人の性格などで色々発想が出てくることに気がつきました」（◎聴き方・感じ方・嗜好の多様性）、「色々な感じ方をしたり向きや音を考えてたくさんの音や感じたことを考えてみると実際考えたことよりもたくさん考えられる」「レベル4は、すぐ思いつきました。なぜなら、いつもバレエを車で通っているのですが、道の途中で、ロッククライミングがあるからです。みんなの日常で、発想が変わると思います」（□活動に対する工夫）、③では「みんな、同じ音でも理由が違うから、不思議。いっぱい不思議ということがあるから面白い。どうしてか調べたい」（◎聴き方・感じ方・嗜好の多様性）、「みんなの紙を見ているとあっ、こういうのもあるんだな。こういうのもあったんだなと思ってすごい発見ができたなと思いました」（◎他者のよさからの学び）、④では、「レベルが難しくなっても学校の行き帰りに色々見ているからあまり難しくなくなりました」（●自己の変容・成長）、「少しだけ付け足しをすると、そのままの形から想像した音が生まれてきたのでとても面白かったです。向きを変えても色々な音が生まれた」「目をつむって考えてみたら色んなことが想像できて面白かったです」「今回はお話を作りました。最初は書いただけだったけどお話ができたのでよかったです」（□活動に対する工夫）など、今までの積み重ねが感じられる記述が出てきている。⑤では、「絵にぴったりの音は、今日で最後だけど、もっともっといっぱいやりたいです。これをやっていて考える力がついた」「レベル10は自分で書く時に笑ってしまうほど面白くて最後なんだ。とさみしくなってしまいました」（●自己の変容・成長）というように、シリーズの最後ということもあって今までを振り返っての成長を記述するものが複数見られた。

【夢で聴いた音】2013/1/31（木）～2/3（日）

　この活動では見た夢に出てきた音に関して記述するという内容である。聴いた音、その様子、そしてその時に感じたことを書かせた。中には様子を視覚的に絵で表す子どももいた。夢は必ずしも毎日見るわけではないこと、そしてそのことを覚えていないこともあるといった理由から、何日か期間を与えている。夢で音を聴くことは物理的な音ではないが、現象学的聴取によって包括できる。想像とも違う無意識の世界を後に想起するという形で記述しているので、夢を見ている時に感じていることとは異なる部分もあるだろうが、夢で音を聴くことを後に解釈するという形で本活動を捉えたい。子ども達の夢で聴いた音は多様であったが、比較的自分達の生活に近い現実的な夢の中での音と、非現実的な夢の中での音がそれぞれ見られた。ここでの気付きは、「夢の中で聴いた音は、現実ではあまり聴かない珍しい音がたくさんあります」（○非実在的な音の認識）、「現実の世界の音は耳から聴こえるけれど、夢の世界の音は、本当にその人がいるわけでもないのに自分では、聴こえると感じるので不思議に思いました」「私は、『夢は現実と似ているな～』と思いました。それに感じていることも一緒だったのでびっくりしました」（□活動に対する不思議さ・驚嘆）というように、意外性を軸とした記述が展開されていた。

【音交換ゲーム】2013/2/14（木）

　この活動は、2人1組になって10mほど間隔をあけ、音を出しながら相手に向かって進んでいき、すれ違うところでそれぞれの音を交換するという内容である。自由に音を出せることや、交換した時のギャップが子ども達には好評で、笑顔のあふれる時間になった。気付きについては、「すれ違う時の一瞬が、つまり2人の音が一緒になった時が面白い音になった」（○音の大小・高低・重なり・響き）、「好きな音が出せてとても嬉しい」（●肯定的な感情）、「個人の良さが伝わって良かった」「みんなリズムなどが違って面白い。声を出している人もいれば体だけの人もいる」「○○くんの出した

音はフリつきでした」（◎他者のよさからの学び）、「人の音を真似するのは、難しい。真似をできたと思っても全く違う音」（□活動に対する難しさ）などの記述が見られた。

【一番○○な音】 2013/2/20（水）

　今まで聴いた中で一番○○な音を思い出して書き、子ども同士で気付いたことを話し合う活動である。音とともに、様子と感じたことについても記述させた。○○には多様な記述が見られ、「好きな」「よく聴く」「いやな」「うるさい」などが複数あった。「大きい」「長い」などの音の特性を表すものよりも、音への価値付けをしているもの（「気持ちよかった」「楽しかった」）の方が多かった。これは、以前の活動で音に価値付けしたことが影響していると考えられる。子どもの気付きでは、「嫌な音をここに書いたのでほんの少しだけスッキリしました」（●肯定的な感情）、「みんな、僕が好きな音が嫌いだったり、僕が嫌いな音が好きだったり、一人ひとり好きな音や嫌いな音は、みんな違うのに気付いた」（◎聴き方・感じ方・嗜好の多様性）、「人が書いたのを思い浮かべるとそれが本当になったみたいになることが分かった」（□活動に対する工夫）などが見られた。

【扉の音】 2013/2/22（金）〜 24（日）

　週末に家の扉について調べてくるという課題設定で行った。扉の音、その形状、音の出し方、感じたことを記入させた。調べた扉の多くはドアノブのついた長方形のドアであったが、引き戸や車のドアで調べた子どもも見られた。また、木と鉄といった材質の違いに着目する子どももいた。音については、「バタン」「ガチャン」といった記述が多かったが、「トッカチャカチャドン」「ドロンペン」「ドシャン」など、独自性が見られるものもあった。引き戸では「スードン」「スルル」といった記述であった。音の出し方は、扉を開け閉めする、叩く、ドアノブの音を出すといった方法が見られた。扉の開け閉めは、速くまたはゆっくり、強くまたは軽くといったやり方で、中

には風がふくときや、開け閉めせずにドアを動かして空気の音を調べる子どももいた。たたく場合には手のひら、ノックのように、鉛筆で、というようにこちらも多様であった。気付きの中には、「ドアの取っ手を手で持って音を出すとその音が手に響いてくる」（○全身感覚的な聴取）、「やり方は一緒でも扉が違うから、音が違う」（○音の大小・高低・重なり・響き）、「もし、全て家の扉が同じ種類だとしても、一回扉を開けた時の音は、もう二度と聴けない音だと思います」（○音の一回性）など、以前の内容と結び付けて考察するものもあった。

【自分だけが聴いた音】2013/2/28（木）

　今までで、周りの人には聴こえなかったのに自分だけが聴いた音について、その様子と感じたことを記述する活動である。音は大別して自分の体の音と小さい音のもの、聴き方の違いによるもの、そして空耳（幻聴）とに分けられた。小さい音では犬の「クーン」、鉛筆を動かしている「サーン」といった音が記述された。聴き方の違いによるものについては、実際には音が出ていると推測されるが、集中的に聴取するのと周辺的に聴取する違いによって自分にしか聴こえないというように判断される音である。例えば、「キィー」といった「水道水の水が音をたてた音」でも「もっと近くにいたお母さんも気付かない」といった様子である。空耳（幻聴）については、聴き方の違いによるものとの判断が難しい場合もあるが、どちらかというと非現実的な要素が含まれていた。そこには自分の願望も含まれていると考えられる記述も見られた。例えば、「ピアノをした時おばあちゃんの声が聴こえた」という子は、「『いつも見守ってくれているんだなー』嬉しいです」という記述をしている。気付きとしては、「自分が出した小さな音は、人には聴こえない」（○音の大小・高低・重なり・響き）、「耳をふさいでも、音が聴こえることに気付きました。空耳は、どうやって聴こえるのかが不思議です。予想では、前あった音が頭に残っていて聴こえてしまうからだと思います」（○非実在的な音の認識）、「私は、このことが誰にも言えなかったので、

これに書ける機会があってよかったと思いました」（●肯定的な感情）、「どんな音でも、必ず、二人以上聞いているとは、限らないことを、初めて知りました」（◎聴き方・感じ方・嗜好の多様性）、「みんなが聴いているのに僕だけが聴いていない時もあるし、僕が聴いているのにみんなは、聴いてないといったから僕は不思議に思いました」（□活動に対する不思議さ・驚嘆）など、多様であった。

【素敵な名前ゲーム】2013/3/8（金）
　6人グループで丸くなり、中心にいる1人に向かって素敵だと思ってもらえるように名前を呼ぶという活動である。ゲーム性を高めるため、1番素敵だと思った子に1ポイントをあげ、最もポイントの高い子が〈素敵な名前チャンピオン〉になれるという設定にした。2年間同じ学級で過ごしてきた子ども達の関わりをさらに深めるために、最後のサウンド・エデュケーションでこの活動を取り上げ、充実した気分で新たな学年へ進んでほしいという授業者の願いもこめられている。
　気付きは、「音程を、変えると、音がすごく変わる」（○音の大小・高低・重なり・響き）、「自分が素敵に呼ばれるといい気持ちがする」（●肯定的な感情）、「みんながこんな不思議な声を持っていると知れてよかった。人間はなぜこんなたくさんの音を出せるのが不思議」（◎他者のよさからの学び）、「少し難しかったです。なぜなら、好みが違うから、相手がどのような言い方が気に入るかを考えなければいけないからです。もっと仲良くして、友達の好みをたくさん知りたいです」（◎聴き方・感じ方・嗜好の多様性）、「くんやちゃんをつけたら優しく感じることが分かった」「色々な発音があって、高くて、遅いものや、低くて、早いなどがある」「ゆっくり言うと夢のようになる」「笑顔が伝わる声がいい」「ちょびっとしたことでも歌ができたのでびっくりしました。あとは、歌は、応援の歌にかえられることが分かった」（□活動に対する工夫）などが見られた。

【振り返り】

　およそ半年間の実践を通して、子ども達に今までを振り返って感想を書いてもらった。そこには、自己の成長や他者への理解が見て取れる記述が散見された。「今まで、半年間、サウンド・エデュケーションをやってきました。そこでこのような感想が生まれました。耳の力（聴く力）が高まったなあということです。なぜなら今、何て言った？　などと、聴き返さなくなりました。僕は、そのおかげで、みんなと話しやすくなって来て、スムーズになりました。僕は聴く力をどんどん、さらに高められるように、三年生や四年生になっても、頑張りたいと思っています」「今までサウンド・エデュケーションをやってきて学び合ったことは自分で考えみんなで考えて耳を澄ますことです。自分の耳でよ〜くその音を聴くことです。『音づくりゲーム』では色々な音が出ました。例えば『シーシー』・『ドントントン』など色々な音が出てきました。私は『自分が色々な音を聴いている証拠かな？』と思いました。初めてサウンド・エデュケーションをやった時は緊張してあまり書けなかった私が今はもうすっかり慣れてしまいました。その時初めて書いたのが『チリチリ』という音でした。今までずっとやってきたおかげですごく成長しました」（●自己の成長・変容）、「僕は半年間やってきたサウンド・エデュケーションが面白いと思いました。なぜかというとみんなの意見を聴くとこうやるとこういう音が出たりで楽しみながら学べるからです。そして色々な音が出て自分が想像しているのとみんなは全く違うから。だから楽しいと思いました」（◎他者のよさからの学び）などが象徴的である。時間意識に関して「子どもにとって、時間は流れることに意味があるのではなく、流れた時間の中で体験した大切な思い出や忘れられない出来事として記憶の中に蓄積されていくことに意味がある」[5]というように、本実践においても、約半年間の活動が印象的なものとして記憶の中に蓄積された様子が、この振り返りからうかがえる。

第4節　意義と可能性の構造化

　以上の授業実践の分析を踏まえて、サウンド・エデュケーションにおける気付きを整理し、全体像を構造化することでその意義と可能性を捉えたい。

　まず、音への気付きは（○）は、「身近な音の発見」「音の大小・高低・重なり・響き」「音の一回性」「非実在的な音の認識」「全身感覚的な聴取」の5項目に整理された。ここでの気付きは、今まで気付かなかったことや、当たり前で意識していなかったことに焦点を当てる内容であったと考えられる。これは、気付きの質が高まる段階としての「無自覚な気付き」から「自覚された気付き」への変容[6]に位置付けられよう。自覚された気付きへと促す原動力が感性であると考えられる。こうした役割として感性を捉えれば、自覚へと促すという点で気付きの質を高めるのに一役買っていると思われる。とりわけ、音の一回性は、似ているような音であっても厳密に捉えれば違う音であるという意味で科学的な思考の素地となりうるし、「いま、ここ」での経験と捉えると二度と経験できないという意味では、現象学的な思考の素地にもなりうるだろう。非実在的な音の認識についても、科学的な認識と現象学的な認識を往還するような契機となりうる。このような気付きを繰り返し経験することでその質が高まり、相互作用的に感性も育っていくのではないだろうか。例えば今回の実践事例では、「階段の音」で初めて音の一回性に関する気付きが出てくるが、その後も「音作りゲーム」、「扉の音」の活動でも出てくる。1度目で気付きが共有され、そこから広がりを見せていった気付きであった。気付きを共有すること、繰り返すことで質が高まる可能性が示唆された事例であると言えよう。

　次に、自分への気付き（●）は、「肯定的な感情」「自己の変容・成長」の2項目に整理された。肯定的な感情を持ったり、自分自身の変容や成長に気付いたりすることは、自己肯定感の向上につながると考えられる。自分自身への気付きと自己肯定感との関係性について考察した論考は複数見られる

が、とりわけ自分自身への気付きの中の「自己への感情と評価」と自己肯定感の結び付きが強いことを述べた論考[7]と関連付けるとすれば、サウンド・エデュケーションにおいては、多様性を担保する教育方法であるということが自己肯定感の向上に影響すると思われる。例えば、「音交換ゲーム」での感想にあった「好きな音が出せて嬉しい」という記述は、嗜好性に優劣がないからこそ表現できる内容である。このような多様性のよさを自分自身の肯定的な感情に結び付けることで、自己肯定感が高まってくると考えられる。

　そして、他者への気付きは（◎）は、「聴き方・感じ方・嗜好の多様性」「他者のよさからの学び」の２項目に整理された。前述のように多様性が担保されるサウンド・エデュケーションでは、他者の多様な考えから学ぶことが可能である。多様性を感じる学びを繰り返していくことで、多様性を尊重する姿勢が育まれ、他者理解が深まっていくと考えられる。また、お互いそうした姿勢があれば、自分を受け入れてもらえたという経験から自己肯定感にも相互作用的に関連付けることもできよう。例えば「好きな音さがし」で記述された次の感想は、他者理解を深め、自己の動機付けも高まる象徴的な内容である。「みんな私以上にやっていて『そんな見つけてすごいね』と言ったら『そっちこそ』と言ってくれてすごく嬉しい！　あと、『あっ、この音一緒だね』と言われて今度は、自分だけの音を見つけるぞという思いが強くなる」。他者との交流に喜びを感じることは、自己肯定感を高める第一歩であると考える。昨今は「学び合い」が教育の１つのキーワードになっているが、サウンド・エデュケーションでは、他者の多様性への気付きを最大限に活用することで、有効な教育方法になりうるのではないだろうか。

　最後に、活動への気付き（□）は、「活動に対する難しさ」「活動に対する工夫」「活動に対する不思議さ・驚嘆」の３項目に整理された。活動の難しさについては、乗り越えられる範囲での難しさであれば「解決したい」という動機付けにつながると思われる。つまり、活動に対する工夫をしようという気持ちに発展する可能性があるということである。今回の事例の中では、「静かな場所」の活動で、「静かな所を見つけるのは難しい」という気付きか

ら、「ルールを考えると見つかるんじゃないか」という工夫への結び付きが見られた。このように、難しさから必要感を引き出し、工夫へつなげるという流れは、気付きの質を高めるのに有効であると考えられる。これは、「『対象への気付き』は、思考を促し『問い』を生成する。『思考を経た気付き』は、自ら立てた『問い』を解決するために、周囲とのかかわりを築く」[8]という文脈で捉えることが可能だろう。つまり、活動の難しさ（対象への気付き）が、必要感（問い）を引き出し、それを解決するために工夫へつなげる（思考を経た気付き）ということができ、そしてこれがまた気付きの質を高めるということにもなる。こうした点で、思考を経た気付きを促す原動力が感性であると考えられる。一方、活動に対する不思議さ・驚嘆する心は、スパイラルとして繰り返し経験していくことで感性が深まるだろう。そして、感性を深める過程そのものが、気付きの質を高める可能性を持っているのではないだろうか。

　生活科との結び付きがより明確になるように、以上の4つの気付きと学習指導要領の内容との関連も考えたい。今回の気付きとの関連を考えると、特に結び付きが強い内容は、

　「(6)　自然や物を使った遊び」「(8)　生活や出来事の交流」「(9)　自分の成長」であろう。(6)においては、児童の身近にある「様々な遊びの面白さや自然の不思議さ」[9]と、本章で項目化された「身近な音の発見」や「活動に対する不思議さ・驚嘆」といった音や活動への気付きを結び付けることができると考えられる。(8)においては、「かかわることの楽しさを味わえる身近な存在」[10]である友達と、本章で項目化された「他者のよさからの学び」といった他者への気付きを関連付けられる。本実践では友達との交流が中心であったが、学校から地域へと関わる対象を広げていくことも可能だろう。そして(9)においては、「過去の自分自身や出来事を思い浮かべ、過去の自分と現在の自分との比較をすること」[11]と、本章で項目化された「肯定的な感情」「自己の変容・成長」といった自分への気付きが相当する内容となりうる。

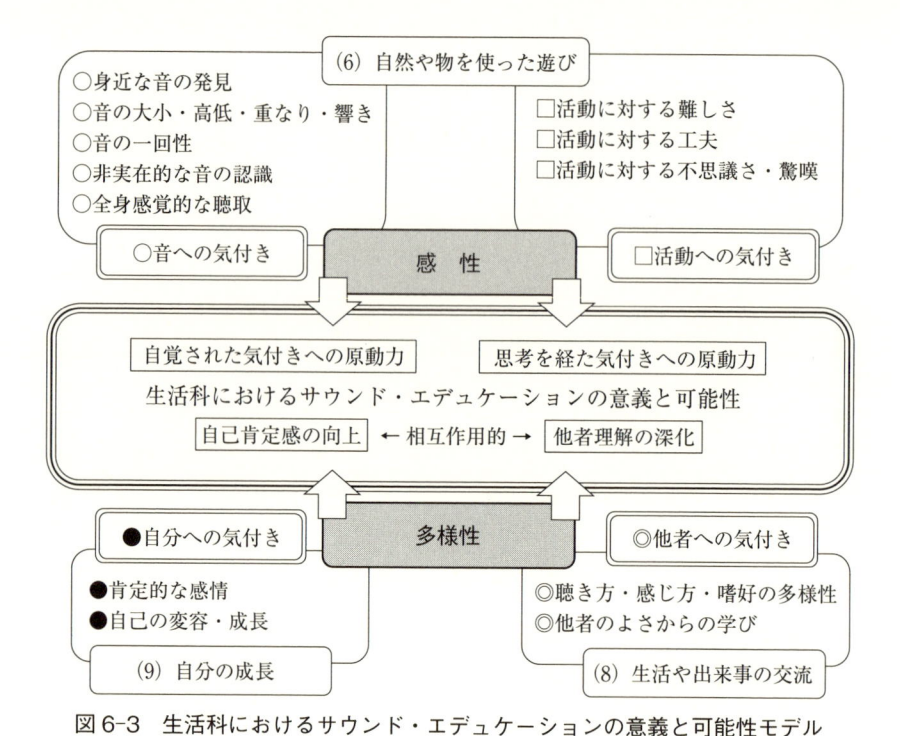

図6-3　生活科におけるサウンド・エデュケーションの意義と可能性モデル

　ここまでの考察を踏まえて生活科におけるサウンド・エデュケーションの意義と可能性として構造化したものが図6-3である。サウンド・エデュケーションにおいては気付きの土台としての感性が、自覚された気付きと思考を経た気付きを促す原動力となる可能性があること、そして活動の特色である多様性が、自己肯定感の向上と他者理解の深化を相互作用的に結び付ける可能性があることが示唆された。

　本章では、授業実践の分析を通して、生活科におけるサウンド・エデュケーションの意義と可能性について考察した。その結果、感性が気付きの原動力となり、また付随して自己肯定感の向上や他者理解の深化の可能性についても構造化することができた。また、ワークシートから導かれた子どもたちの気付きは、前章までと同様、子どもの学習評価規準を構築するにあたっ

てよりどころとなるだろう。

　第4章から第6章までの授業実践事例の分析を通して、目標と評価について可能性を探ってきた。次章以降の第7、8章では、これらの知見を総合的に考察していく。

注

1)　文部科学省、『小学校学習指導要領解説：生活編』、日本文教出版、2008、82pp.

2)　朝倉淳・松本謙一・津川裕、「生活科における気付き」、『せいかつか＆そうごう』20号、日本生活科総合的学習教育学会、2013、pp.34-41.

3)　清水典子、「気付きの質が高まる生活科学習の構成：『書くこと』に焦点をあてて」、『せいかつか＆そうごう』21号、日本生活科総合的学習教育学会、2014、pp.64-73.

4)　池田仁人・戸北凱惟、「低学年児童の『気付き』の表現に関する研究：生活科におけるオノマトペの機能」、『理科教育学研究』45-3号、日本理科教育学会、2005、pp.1-10.

5)　齊藤和貴・小林宏己、「子どもの時間意識の分析を通した気付きの質的高まりの研究：植物栽培単元『春にさくお花を育てよう』（1年生）を通して」、『せいかつか＆そうごう』15号、日本生活科総合的学習教育学会、2008、pp.84-91.

6)　菱田尚子・野田敦敬、「気付きの質を高める指導に関する研究」、『せいかつか＆そうごう』18号、日本生活科総合的学習教育学会、2011、pp.88-95.

7)　栗木隆雅・野田敦敬、「生活科の教科的特徴と自己肯定感の関係性について」、『愛知教育大学研究報告：教育科学編』62号、愛知教育大学、2013、pp.1-9.

8)　木村光男、「生活科栽培活動における気付きの生成と展開：『思考を経た気付き』に視点をあてて」、『せいかつか＆そうごう』15号、日本生活科総合的学習教育学会、2008、pp.76-83.

9)　前掲1、p.33.

10)　前掲1、p.37.

11)　前掲1、pp.38-39.

第 **7** 章

目標と評価に関する総合的考察

第1節　感性の育成と新たな目標

　前章までを通じて、サウンド・エデュケーションの目標について実践的に論考を進めてきた。そこからは、感性の育成を中心とした目標が環境教育の目標と親和性があること、また自己肯定感の向上や他者理解の深化が新たな目標として設定できる可能性があること、などが構造化された。本節では、こうした論考をより深めるべく、具体的な子どもの姿を現象学的に捉えることで感性の育成、自己肯定感の向上、他者理解の深化の萌芽となる内容を考察する。そして最終的に第1章第4節で示した「何を（内容）、どのように学ぶことで（方法）、どのような心情や力が育つ（資質・能力）のか」という目標の枠組みを用いて、単元レベルの目標を定めることを目的とする。なお、授業レベルでのねらいについても、いくつか提示を試みたい。

　まず具体的な子どもの姿を通じた考察から始める。対象となる子どもたちによる感想は、2011年度から学級活動や第6章での生活科で用いたワークシートの記述である。主に感性の育成に関しては「音さがし」「階段の音」、主に自己肯定感の向上と他者理解の深化に関しては「音交換ゲーム」「絵にぴったりの音」をそれぞれ取り上げることとする。

【音さがし】

①さいしょどんな音がするかなと思ったら、とってもいい音が聴こえました。みんな同じ音を聴いても、聴こえ方がちがうなんて、びっくりしました。（2年女子）

②私が聴いた音は、近くにいる人全員が同じ音を聴いていると思っていたけれど、そうでないと知ってびっくりした。（2年女子）

③初めて音さがしをやってみて、一人ひとり聴こえた音がちがったのでびっくりしました。1分間で色々な音が聴けて、たのしかったです。（5年女子）

④みんなぼくとかんじ方がちがうからとてもたのしかったです。また来週サウンド・エデュケーションをやるのでそれがまちきれません。（2年男子）

⑤いつも当たり前だと思っていた音をよく聴いてみると、いつもより少しちがうように聴こえてきたのでたのしかった。（4年男子）

⑥いつもしゃべったりしていたので時には静かにするのも心が落ちつくので良いなと思いました。（5年男子）

⑦みんなが聴こえている音がちがったり、同じだったりして楽しかった。友達としゃべっている時は、何も聴こえないのが不思議だった。（4年男子）

　①、②、③の感想では、「他者も同じ音を聴いているはずだ」という今までの先入観による思い込みが、実は違ったということに驚嘆している様子がよくうかがえる。厳密に言えば、物理的には同じ音事象でも個々人の感じ方が異なるということになろうが、導入としてはこれでよいと考えている。④では、2年生ながら感じ方が違うというところに気付きが見られる記述である。⑤、⑥では、日常生活とは異なる経験をすることで、そこに価値付けをしている。これもまた、「当たり前」が揺さぶられる経験なのだろう。⑦は、集中的聴取と周辺的聴取に迫る記述である。こうした経験を不思議と感じる心情を大切にすることで感性を育てていくことができると考える。

　聴こえ方や感じ方が異なるということは、現象学的には「触発」との関係で捉えられる。触発とは、感覚素材の意味内容が自我の関心を引き起こそ

うと働きかけることである[1]。子どもの関心や動機は一人ひとりでも異なるだろうし、個人内でもその都度異なると考えられる。したがって、その時の関心や動機によって聴こえ方や感じ方も異なるというわけである。とりわけ音さがしの活動中は、日常とは異なる関心や動機があり、触発もまた日常とは異なるのだろう。この観点は、ユクスキュルの環境世界やギブソンのアフォーダンスの概念とも親和性が高いと考えられる。また、庄野が指摘したサウンドスケープ思想と明確な連関が見られる構造主義や記号論といった認識論[2]から捉えるのも興味深い。関心や動機の背景には、その文化固有のコードがあるだろうし、そのフィルターを通して世界を記号化して捉えるという視点があるためである。

【階段の音】

①今までやったサウンド・エデュケーションでいちばん音が見つからなさそうで、いちばん多く見つけられて、楽しかったです。意外性があると思いました。(5年女子)

②全部いっしょだと思っていた階段を上る音はちょっとずつちがう音だったのがおどろきました。(4年女子)

③ふだんはゆっくり歩いていてもはやく歩いていてもそんなかわらないと思っていたけれど集中して聴いてみたらぜんぜんちがった。(5年男子)

④教室とかいだんでは、ぜんぜん音がちがいました。一ど聴いたらもう同じ音が聴けない。(2年男子)

⑤ふつうに歩いているだけでもかいだんはすごいひびいてとてもうるさかったくらいです。今度からしずかにかいだんをおります。(4年男子)

⑥たいこでえんそうしているみたいでうるさくて楽しかった。(2年女子)

⑦ゾウみたいだったのでみんながわらっていました。(2年男子)

⑧足音だけで、人の感情が分かって、おもしろかったです。次からは、いろいろな音を聴いて、人の感情をさぐってみたいです。(5年女子)

　①に象徴されるように、日常的な感覚の予想が外れ、意外性が生じるときにこそ感性は磨かれると思われる。②、③、④も、日常生活で当たり前と思っていたことが実は違ったということによる驚きである。現象学的に言えば、「現在」の時間意識は過去把持、原印象、未来予持で構成されているが、普段は階段を上り下りする中で、その経験が過去に沈殿されていく。その過去把持があるからこそ、ことさら意識しなくても予測（未来予持）が成り立ち、階段を上り下りできるわけである。階段の音に関しても、日常の経験では上り下りの同じような音が過去把持され、それが未来予持されるわけである。しかし、よく注意して聴いてみると、1段目の階段の音の過去把持をもとに未来予持している次の2段目の階段の音が同じはないことに気付く。だからこそ意外性が生じるというわけである。「全部いっしょだと思っていた」音が、実は違うことに気付くというような経験を積み重ねることで、細やかな差異を感じ取る力が育つだろう。とりわけ④は、音の一回性に着目しており、このような感性は十分に価値付けたいところである。それは、「聴取の本質が、時間の流れとともに生まれては消えていく音に向けられた、深い意識にある」[3] ことを裏付ける内容であるためである。⑤は、その後の行動の変容につながる感想である。⑥、⑦は、低学年らしく、音を比喩的に表現している。こうした伸びやかな言語感覚は、創造性につながる感性として大切にしたい。⑧では、上り下りの速度や音で、当人の感情（例えば急いでいるのか、心が落ち着いているのか）がわかるという内容である。人とのつながりを考えるという観点からすると、他者理解に結び付く感想になろう。

【音交換ゲーム】

①いつもより、たくさんえがおが出ました。それは、まじめな人が、おもしろい音を出すと、しぜんとわらってしまいました。（4年女子）

②音を出すと、その人の性格が出ておもしろい。キャラ（性格）がちがう人とやると、とても不思議！ 相手はかんたんに出していても自分には、出せない音もあった。（4年男子）

③こじんのよさがつたわってよかった。おもしろい音やきれいな音を聴けて
　よかった。しらない音も聴けてよかった。(2年女子)

④あい手の音をまねするのが少しはずかしかったです。なぜなら、その人に
　よって合う音と合わない音があるからだと思います。また、次回は、どん
　な音がどんな人に合うのかしらべたいと思います。(2年女子)

⑤すれちがう時の一しゅんが、つまり2人の音がいっしょになった時がおも
　しろい音になったので、「2つの音がいっしょになった時の音はこんなに
　おもしろい音になるんだな」と、はじめて思いました。(2年男子)

　①、②とも、個人の差異を感じることにより他者理解を深めていると思わ
れる。③では、自分自身のよさを伝えることが自己肯定感につながるととも
に、他者の音もよく聴いていることがわかる。④の子どもは、恥ずかしい感
情がありながらも活動自体は楽しんで取り組んでいた。周りの子どもたちか
ら賞賛を得ることで、自分の新たな一面に気付くきっかけにもなろう。⑤の
ような感想も大切にしたい。授業者は、想定していなかった子どもの反応に
対して、「ねらいと違う」という理由で捨象してしまうことがあるが、サウ
ンド・エデュケーションではそうした授業観を見直す機会にもなる。

　この活動を対話の能動性と受動性という両義性から捉えてみたい[4]。日常
生活の対話においては、話し手が能動的、聴き手が受動的と思われがちであ
る。しかし、話し手は聴き手の反応に委ねるという意味では受動的になり、
聴き手は話し手の内容をどのように引き受けるかという意味では能動的にな
る。したがって、対話においてはどちらにも能動性、受動性の側面があるの
だ。この活動において、個々人は表現するという意味では話し手でありなが
ら、同時に相手の音も聴くという意味では聴き手でもある。音を交換する前
の相手に向かっている段階では、話し手としては能動的に表現しながら受動
的に委ね、聴き手としては受動的に聴きつつ、能動的にどのように交換しよ
うか判断しているという複雑な状況が生じていると言える。音を交換した後
に、相手がどのように引き受けてくれるのかは、自身の予測とは異なる場合

もあろう。このように他者が「不意打ち的到来」として現れるときに、意外性が生じるのである。そして、能動性と受動性という両義性が対話の深さの次元を決める1つともなる。このような深さの次元に敏感になることで、対話に対する感性が磨かれると考えられる。そして、対話の深さに目を向けることが他者理解の深化にもつながるだろう。

【絵にぴったりの音】

①前回よりもいがいとかんたんで目をつむってかんがえてみたらいろんなことがそうぞうできておもしろかったです。(2年男子)

②音を想像するのがむずかしくなってきた。見ている形そのままではなく、動かした時の音などを想像した。(5年女子)

③今回はお話を作りました。さいしょは書いただけだったけどお話ができたのでよかったです。いっぱい音を書けるように。(2年男子)

④レベル7は少しだけつけたしをすると、そのままの形からそうぞうした音が生まれてきたのでとてもおもしろかったです。むきをかえても色いろな音が生まれたのでレベル8はとくにおもしろかったです。(2年男子)

⑤色々なものにはみえるけど、音であらわすのはむずかしいなぁと思いました。レベルが高くてもいろいろなこたえがあるのが「ふしぎだなぁ」と思いました。(2年女子)

⑥みんなによってその形を毎日使っているような言葉になっているところがおもしろかったです。(5年男子)

⑦みんな、色々なし点から見ているから、私が思った音と、まったくちがう音を想像している人がいて、とてもおもしろかったし、色々発てんしていくのが楽しかった。(4年女子)

⑧ものをそうぞうする人と書いてあるものをそうぞうする人がいて、おもしろかったです。音を聴いた時「？」の人は、理由を聞くとよく分かりました。(4年男子)

⑨今日は、いつもより、いろいろな音があって、「独創的」という言葉の深

さを、改めて知ることができた。（4年男子）

　①、②、③、④は、多様な想像の仕方が述べられている。目をつぶったり、頭の中で動かしてみたり、話をつくったりと、子どもの発想は柔軟である。学ぶべきところが多いのではないだろうか。⑤では、答えの多様性に不思議さを感じている。こうしたところに豊かな感性が見取れるだろう。⑥、⑦は、多様な答えを自分なりに分析している。日常生活に結び付けたり、視点によって異なると考えたり、そうした理由付けもまた、多様で興味深い。⑧では、その音についての理由を聴くことで納得が深まるという感想である。

　例えば、図7-1 を雲に見立てて「ふわふわ」といった音を考えた子がいたが、理由をたずねると、雲に見立てた子とわたあめに見立てた子というようにそれぞれ違うのである。また、「外側はふわふわしているけど内側はとがっている」との理由で「ちくちく」と考えた子もいた。

図7-1　絵にぴったりの音

このような考え方ができるのは、直感だけでなく細部までよく捉えているからである。

　子どもの「面白かった」「不思議」といった感想から、こうした活動が感情とどのように結び付くのか、現象学的に考えてみたい。ここでは、自己触発という概念を使って分析する[5]。何かを聴いたり想像したりする時に楽しくなったり愉快になったりするのは、その聴いたり想像したりするという意識作用そのものが、自分自身へ随伴的な作用を与えるからと考えられる。これを自己触発と捉える。子どもたちが絵を見て音を考えたり想像したりすることで自己触発され、面白いとか、不思議だとかいった感情に結び付くというわけである。絵にぴったりの音を考えることで自己触発され、肯定的な感情を持つことは、自己肯定感につながると考えられる。

　この活動では多様な音が考え出され、お互いの交流でもそれぞれの音を面

白がって認め合う様子が見られた。交流を通して他者から認められることによっても、「自分の音は間違ってないんだ」という自己肯定感を抱くことに結び付くだろう。また、自分とは違う他者の音を知ることにより、「友達はこんな考えができるんだ」という他者理解につながるのである。こうしたことが、⑨には表れているように思われる。

　以上の実践事例を踏まえて、目標の新たな可能性について論じたい。サウンド・エデュケーションが感性の育成に加えて、なぜ自己肯定感の向上や他者理解の深化につながるのか。それは、「正解は１つだけではない」という相対主義的な点に求められる。サウンドスケープ思想では「感じ方に強調点」が置かれているゆえに、その感じ方の正解は１つではないのである。シェーファーも、「聴こえた音をすべて紙に書き出す」というサウンド・エデュケーションの中で、「リストはひとりひとり皆違うはず。なぜなら聴くという行為はとても個人的なことだから。長いリストでも短いリストでも、答えは全て正しい」[6] と述べている。

　正解が１つになりがちな既存の教科に比べて、サウンド・エデュケーションは多様性がある。ことに学校教育では、授業者が明確な意図をもって指導しなければ、時として正解主義に陥ってしまうことがある。正解すれば自己肯定感につながるが、不正解の場合は自己否定になってしまう。間違いから学ぶという点を考慮したとしても、やはり間違ってしまったときには自己否定につながる懸念はあるだろう。また、正解主義においては他者の存在が優劣の比較対象となってしまうことがある。それを乗り越えるのがサウンド・エデュケーションなのである。つまり、自分の感じたことがそのまま正解となるため、それが自信につながるきっかけとなるわけだ。音づくりなどの課題でも、自分の好きな音、出したい音をつくれるため、それも自信につながるだろう。一人ひとりの感じ方を保証することで、自己否定から自己肯定へと転換できるということである。さらに、サウンド・エデュケーションでは感じ方の多様性を優劣ではなく差異と捉え、その差異に価値を見いだしてい

る。よって、自己にも他者にも肯定的な目を向けることができる活動なのである。

　次に、これは主に自己肯定感の向上に関わることであるが、サウンド・エデュケーションの活動と感情の関係性が考えられる。活動に感情が自己触発されることを「絵にぴったりの音」の事例で考察した。子ども達のどのような感情に結び付くのかが、活動の価値の決め手となるだろう。本実践では、ワークシートに活動へのフィードバックとして「5 とても楽しかった」から「1 楽しくなかった」まで選択する項目を設けているが、今まで集計した平均は4点台後半である。ほとんどの子どもが5と4を選択しているということになる。これはつまり、サウンド・エデュケーションの活動が、肯定的な感情を自己触発するということを示している。このように肯定的な感情になる活動を繰り返すことが、自己肯定感へもつながるのではないだろうか。

　そして、もちろん活動だけで終わっても一定の効果はあると思われるが、他者理解の深化の目標により迫るためには、活動の後に全員で考えや感想を共有する時間を設けることが求められよう。それぞれの感じ方を認め合うことも、サウンド・エデュケーションの肝だからである。自分はこう感じる、だけで終わってしまう活動では、他者との関係性は育たない。たとえ拙い言葉であったとしても、自分の感じ方を振り返って語り合うことは、現象学的に捉えれば意識作用（聴く）と意識内容（聴いた音）の相関関係を基盤として、それぞれの関心相関性（価値付け）に結び付く手掛かりとなるのである。そして、多様な意見を聴いて一つひとつを尊重することにより、他者理解も深まっていくと考える。鳥越も、サウンド・エデュケーションについて「『異なる聴き方への気づき』『多様な聴き方の発見』といった『他者の理解』をも大切にするものだ」[7]と述べている。「○○くんの感じ方は面白い」「自分と違うこんな考え方もあるのか」というように共感的な姿勢が身に付くことが期待されよう。また、感じ方が違うということは、そこで差異が如実になる。感性を第1章第5節のように「日常では当たり前になっていて気付かないこと（＝自明性）について、感じたり考えたり価値付けたりするこ

とのできる創造的な能力」とするならば、その差異に気付くことが感性への育成にもつながるのだと考える。相対主義は「何でもありの相対主義」と批判されることがあるが、SCSM においてはあらゆる音事象を一元化するという点で、出発点として相対主義的な現象学的聴取を戦略的に採っている。出発点としては相対主義的であるものの、そこに関心相関性を導入することで「何でもあり」は回避されるため、その関心に応じて共有できる部分を広げていけばいいというわけである。それが、正解をいわゆる「納得解」へと発展させていくことになるのだろうと思われる。

　なお、本実践では言語活動の充実という観点から、ワークシートに書かせることを共有するための方法とした。近年の言語活動の充実については、現場での困惑する声も聴かれる。重要なのは、言語活動そのものが目的になってしまわないこと、すなわち「方法の自己目的化」を回避することである。また、形容詞や副詞の言葉を教室に掲示し、常にその枠組みだけで行うといったような「方法の形骸化」を避ける工夫も求められよう。例えば音楽科における言語活動は、次のような留意事項が示されている。

　　　表現や鑑賞の活動において、音楽を特徴付けている要素や音楽の仕組みを聴き取り、それらの働きが生み出すよさや面白さ、美しさを感じ取る学習や、感じ取ったことを基に、音楽表現を工夫し、どのように表すかについて思いや意図をもって音楽表現したり、音楽全体を味わって聴いたりする学習を充実する。
　○鑑賞の活動において、感じ取ったことを言葉で表すなどの活動を位置付け、楽曲や演奏の楽しさに気付いたり、楽曲の特徴や演奏のよさに気付いたり理解したりする能力の育成を重視する。
　○合唱や合奏、グループによる音楽づくりの活動において、どのように表すかについて思いや意図を伝え合ったり、他者の考えに共感したりしながら、皆で一つの音楽をつくっていく指導を重視する。
　○歌唱表現において、歌詞の内容や言葉の特徴を生かして歌ったり、日本語のもつ美しさを味わったりするなど、言語と音楽との関係を大切にした指導を重視する。[8]

　一方で、その目的はあくまで「思考力、判断力、表現力等を育成する」[9]
ことである。つまり、言語活動自体は手段であって目的ではない。本実践で
いえば、感性と自己肯定感の向上、他者理解の深化が目標（目的）である。
音を聴いてどのように感じたかを共有するために「なぜそう感じたのか」尋
ねることに固執してしまって、答えられない子どもの自己肯定感が損なわれ
るのだとしたら、別のアプローチが必要なのである。発達段階によって必ず
しも明確に言葉で表現できないこともあるだろうし、時には直感的なものを
大切にすることも必要だろう。このように、目的に応じた柔軟な姿勢が求め
られると考える。

　ここまで、サウンド・エデュケーションでは感性の育成に加えて自己肯
定感の向上、他者理解の深化を目標として設定することの可能性を探ってき
た。本研究は仮説生成型であるが、一定の妥当性は担保できたのではないか
と考える。最後に、前述の目標の枠組みを活かして、サウンド・エデュケー
ションの単元レベルの目標を措定的に次のように定めてみたい。

> 　身の回りの音を聴く活動を通して、音に関する気付きから感性を養うととも
> に、自分や友達の多様な感じ方から自己肯定感を高めたり、他者理解を深めた
> りする。

　「身の回りの音を聴く活動を通して」が方法に関する部分、「音に関する気
付きから」「自分や友達の多様な感じ方から」が内容に関する部分、「感性を
養う」「自己肯定感を高めたり他者理解を深めたりする」が資質・能力に関
する部分である。これを大枠に、それぞれの授業レベルでのねらいに落とし
込んでいけばよい。本節で扱った「音さがし」「階段の音」「音交換ゲーム」「絵
にぴったりの音」については、活動前から暫定的なねらいは定めていたが、
それぞれねらいを精緻化したものを提示する。

【音さがし】身の回りの音をさがす活動を通して、人や場所によって聴こえ
方や感じ方が違うということに気付く。

【階段の音】階段の音を聴く活動を通して、当たり前に感じていることに目を向けて自分の考えを捉え直す。

【音交換ゲーム】自分と友達の出した音を交換する活動を通して、自分のよさや友達のよさを見つける。

【絵にぴったりの音】絵に合う音を自由に想像する活動を通して、自分や友達が考えた理由から、多様な考えのよさを味わう。

　それぞれの活動の特性に応じて、感性の育成、自己肯定感の向上、他者理解の深化のどれに重点を置くかは異なってくるため、単元全体を通じてどれも扱われるという構成にする必要があるだろう。

第2節　学習評価の枠組みの構築

　第4〜6章での授業実践事例では、授業分析がそのまま授業評価にもつながり、また子どもの姿からは学習評価規準のよりどころとして参照できるということを述べてきた。前節で目標が定められたことにより、本節での学習評価もそれに準じた枠組みを作成していくこととなる。

　第1章第5節で触れたように、サウンド・エデュケーションにおいては数値による評定はなじまない。多様な価値観が交錯するサウンド・エデュケーションは、知識面のアウトプットを測定するためのいわゆるペーパーテストのような一義的な尺度によって評価されるべきではないだろう。学校教育においては、アクティブ・ラーニングが話題になっている昨今、学習評価のあり方についてもまた各教科等で特集が組まれている[10]。一方で、それ以前から数値による評定ではない学習評価の方向性を有しているのは「総合的な学習の時間」である。したがって、総合的な学習の時間における学習評価のあり方を視野に入れることで、望ましいサウンド・エデュケーションの評価

が検討できると考える。

　総合的な学習の時間では、この時間に「行った学習活動及び指導の目標や内容に基づいて定めた評価の観点を記載した上で、それらの観点のうち、児童の学習状況に顕著な事項がある場合などにその特徴を記入するなど、児童にどのような力が身に付いたかを文章で記述する」[11] とされている。そして、学習評価観は「現実世界で大人が直面するような課題に取り組ませるなかで評価活動を行う」[12] といった「真正の評価（authentic assessment）」に定位している。そうした評価観を有する学習評価として代表的なものがパフォーマンス評価（performance assessment）とポートフォリオ評価（portfolio assessment）である。パフォーマンス評価とは「ある特定の文脈での人のパフォーマンス全体を直接的に評価する」[13] 方法であり、ポートフォリオ評価とは「学習過程で生み出される作品や記録を系統的に蓄積したポートフォリオを用いて評価を行う」[14] 方法である。また、これらの評価においてはルーブリック（rubrics）と呼ばれる得点指標によって評定を算出することも可能である。このルーブリックは、評価規準を含めた評価基準の作成にあたって有効な手立てである。これらの考え方や手だてを踏まえ、サウンド・エデュケーションにおける学習評価について考えたい。

　まず第1章第5節で、行動主義的評価はサウンド・エデュケーションに馴染まないというフリード＝ギャロッドの言説を取り上げたが、その点、ルーブリックによる評定算出はどうなのか。ルーブリックは従来の客観的、一般的な評価基準とは異なり、子どもの具体的な姿から設定されるものではある。「質的な」言葉による評価規準を「量的な」評価基準として扱うという意味ではトライアンギュレーション的だとも言えるが、本質的には量的な尺度による評価である。ルーブリックの限界について、藤森は次のように述べる。

　　ルーブリックによるパフォーマンス評価を長年行ってきた諸外国の実践を見ると、この評価法で子どもたちの学習状況を把握する作業にはある種の限界が

あるようです。なぜなら、個別にかつ多様に展開する活動は常に予測不可能な出来事をはらんでおり、それを事前に設定した基準で捉えきることは不可能だからです。

　イギリスでは、2014年のナショナル・カリキュラムより、子どもの発達段階をレベルで評価する方針を改め、学校が独自のカリキュラムに沿って、学年ごとに最適な評価法を創案する方法に切り替えました。その背景には、パフォーマンスをもレベルで評価する形式がもたらした教育界の混乱があります。[15]

　そこに介在するある種の限界を乗り越えるためには、関心相関的な考え方が必要となってくるだろう。つまり、目的に応じて手段が選択される、という視点である。学習評価は何のために行うのかと問うならば、端的には「子どもを伸ばすため」と考える。ルーブリックが固定的な尺度ではなく、出発点としては措定的なもので、学習の進行に応じて絶えず自己更新されうる可能性を持っていれば、量的な評定であっても子どもを伸ばすのに寄与するのではないだろうか。このように行動主義に根ざした評定ではなく、構造構成主義に根ざした評定へと転換することで、量的な評価も完全に否定されるものではなくなるだろう。ルーブリックによる評定算出が担保されることで、文章記述による評価が中心の総合的な学習の時間だけでなく、数値による評定も含まれる生活科においてもサウンド・エデュケーションの学習評価が可能となるのである。

　くわえて、ルーブリックを絶えず自己更新されうる枠組みとして捉えるために、「ゴール・フリー（目標にとらわれない）評価」を組み入れることで、多様な価値観の包括的な学習評価が可能となるとともに、理論的な担保がより高められると考える。評価規準・基準に該当しないものの、授業者が価値付けたくなるような気付きや発見が子ども達から発信されることは多々ある。いくら事前に子どもたちの反応を想定したとしても、完全に網羅することは原理的に不可能である。したがって、そういった子どもの姿を適切に評価する枠組みが求められるのである。その枠組みとして有効なのがゴール・フリー評価なのである。具体的には、授業後に授業者が価値付けるべきだと

判断した子どもの姿を、複数人で共有、検討することが妥当性を担保することにつながると思われる。

　サウンド・エデュケーションにおけるパフォーマンス評価については、例えば後半部分にある自分たちの生活をよりよくするための課題などでは有効に活用できるだろう。ポートフォリオ評価については、筆者が使用しているワークシートを蓄積していくことで、自己評価も含めて学習評価をすることが可能となる。

　以上を踏まえた学習評価について、ここからは授業実践を通しての検討に移りたい。事例は、2016 年度 1 学期の特別活動（学級活動）の時間に 3 年生を対象として行ったサウンド・エデュケーションである。学級活動においては、内容の〔共通事項〕にある「(2) 日常の生活や学習への適応及び健康安全　ア　希望や目標をもって生きる態度の形成　ウ　望ましい人間関係の形成」[16) に位置付けて単元を設定した。

　学習指導要領にある学級活動の目標については、「学級活動を通して、望ましい人間関係を形成し、集団の一員として学級や学校におけるよりよい生活づくりに参画し、諸課題を解決しようとする自主的、実践的な態度や健全な生活態度を育てる」[17) と明示されている。評価については、学級活動に特化したものではないが、総則第 4 の 2 (11) に「児童のよい点や進歩の状況などを積極的に評価するとともに、指導の過程や成果を評価し、指導の改善を行い学習意欲の向上に活かすようにする」[18) とある。内容と関連付け、単元目標については、前節で作成された目標を基本としつつ、特別活動の特性をふまえて若干の変更を加えた。学習評価については、「自己肯定感」「他者理解」「感性」を観点として、評価規準を作成した。なお、数値による評定は行わないために評価規準のみとした。すなわち、次のように示される。

[単元目標]

　身の回りの音を聴く活動を通して、自分や友達の多様な感じ方から自己肯定感を高めたり、他者理解を深めたりするとともに、音に関する気付きから

感性を養う。

評価規準

自己肯定感	他者理解	感性
自分の音の聴き方や感じ方、自分だけの発見についてのよさに気付くことができたか。	音の聴き方や感じ方の違いについて、相手のよさに気付くことができたか。	身近な環境の音が豊かであることや多様性のよさを感じられたか。

　使用するワークシートについては、図7-2のように単元目標と評価規準を反映した構成にした。学習を継続していくことでポートフォリオともなる。下部には、自己肯定感に相当するものとして「自しんのついたところ」、他者理解に相当するものとして「友だちのいいところ」、感性に相当するものとして「おどろいたところ」といったまとめの欄を設けた。ここに書かれたことを中心にして、自己評価も含めた学習評価をすることが可能となる。

　それでは、単元のうちの1時間である「音さがし」についての評価を実際に記述したい。本時のねらいは次のように設定した。

本時のねらい

　身近な環境の音に着目することで、それぞれの音の聴き方や感じ方の違いについて、多様性のよさに気付く。

　学級活動の特性を踏まえ、自己肯定感と他者理解に重点を置いたねらいとしている。授業は、はじめに音さがしを中庭で行い、教室に戻ってきてからペアで話し合って後半に学級全体で共有するというように展開した。ワークシートの中には、評価規準にはないものの価値付けるべき子どもの姿が書かれていた。主に後半の共有する場面についてのもので、「真剣に考えられた」「自分の言いたい事が今日言えたから自信がついた」「自分なりに意見がもてたのが自信になった」といったように自分の考えを大切にできたことや、「発

サウンド・エデュケーション　ワークシート

　　　　　　　　　　　　　　　　　　　　月　　　日（　　）

　　　　　　年　　組　　番　名前（　　　　　　　　）

音さがし

どんな音？　　　　　⇒　　　　　　どう感じた？

友だちとくらべてみよう　・同じ（にている）音はあった？
　　　　　　　　　　　　・同じ（にている）音の感じ方はどうだった？
　　　　　　　　　　　　・自分だけの発見はあった？　　　　など など…

メモ

まとめ

友だちのいいところ	自しんのついたところ	おどろいたところ

図7-2　新たな目標と評価を反映させたワークシート

表したとき『そうだね』と言ってくれた」「僕が『鳥の鳴き声で朝だなと感じた』と言ったとき、みんなが『おお』と言ってくれた」といったように友達から認められて自信につながったことなどが価値付けられると考えた。そこで、評価規準の自己肯定感の項目を2項目とし、「自分の考えをもったり、他者から認められたりすることで自信につながったか」を加えた。このように評価規準のルーブリックを柔軟にすることで、「子どもを伸ばす」評価として妥当な枠組みとなるだろう。

　実際の子どもの記述からは、例えば以下のように評価をすることが可能である（①友だちのいいところ、②自しんのついたところ、③おどろいたところ）。

【事例1】

記述

　①感じ方を聴いていると、みんな心がきれいだなと思った。

　②自分には自分なりの考えがある。それが正しい！ みんなと同じじゃなくていい！

　③みんな、感じ方がそれぞれちがってびっくりした！

評価

　自分の考えに自信を持ちながら、他者の感じ方を尊重することができた。

【事例2】

記述

　①季節や気持ちの表現が多かった。

　②感じ方が自分なりに持てた。

　③いつもは音は聴いていないから、よく聴くとこんなに音があるんだ！とびっくりした。

評価

　他者の感じ方をよく捉えるとともに、聴くことを価値付けすることができた。

【事例3】

記述

　①友達が色々学んでいた。

　②真剣に静かにしていると音が聴こえてくる。

　③遠くを走っていた電車の音が、意外に大きかった。

評価

　音をよく聴くための方法を活かし、音に関する意外性を発見することができた。

　このように、ワークシートに書かれた記述を活用しながら一人ひとりを評価していくことができるのである。

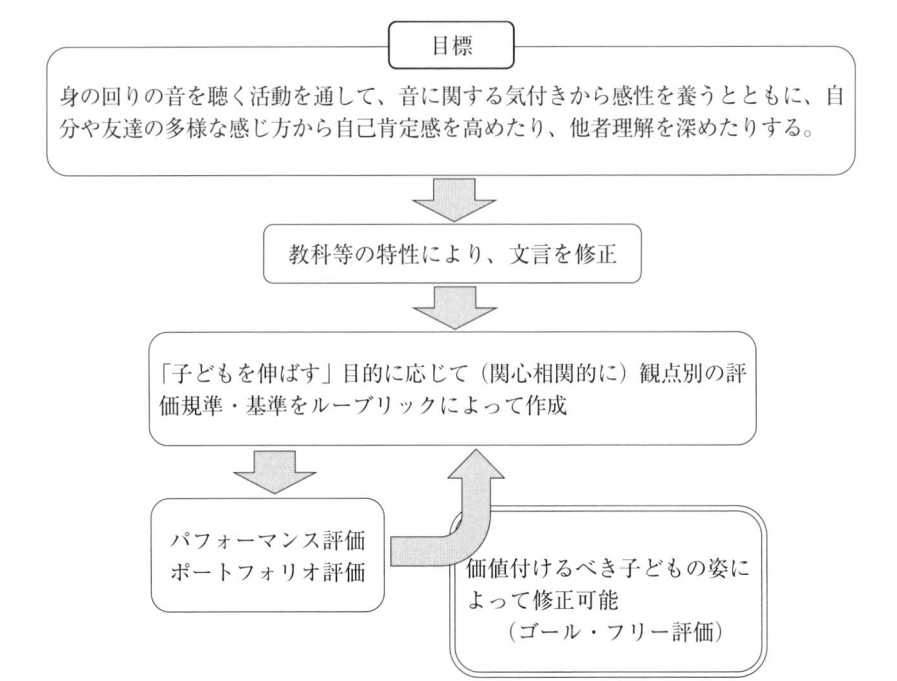

図 7-3　サウンド・エデュケーションの目標・学習評価モデル

　本節では、サウンド・エデュケーションの目標に応じた学習評価の枠組み
を探究してきた。構造構成主義的な視点から柔軟性をもった枠組みを設定す
ることで、多様な価値観を尊重するサウンド・エデュケーションにも妥当す
る学習評価が提示できたと言えよう。

　なお、本章で総合的に考察してきたサウンド・エデュケーションの目標
と評価に関する構造は、図7-3のように示すことができる。とりわけ、ゴー
ル・フリー評価の概念を援用し、学習評価の枠組みをPDCAサイクルのよ
うに循環的に修正していくことで、子どもの実態に即したいっそう妥当な評
価を探究していくことが可能である。「子どもを伸ばす」評価観に合致した
モデルとして活用が期待される。

注

1)　山口一郎、『現象学ことはじめ：日常に目覚めること』、日本評論社、2002、p.334.

2)　庄野進、「サウンドスケープをめぐる思想」、『環境技術』19-7号、環境技術学会、
　　1990、pp.420-424.

3)　ウェスターカンプ、H.（著）、今田匡彦（訳）、「解き放たれた耳：サウンドスケープ・
　　リスニングの40年を巡って」、『音楽教育実践ジャーナル』17号、日本音楽教育学会、
　　2011、pp.10-19.

4)　中田基昭、『感受性を育む：現象学的教育学への誘い』、東京大学出版会、2008、pp.122-
　　126.

5)　前掲4、pp.221-228.

6)　シェーファー、R.M.（著）、鳥越けい子・若尾裕・今田匡彦（訳）、『サウンド・エデュ
　　ケーション』、春秋社、2009、p.11.

7)　鳥越けい子、『サウンドスケープ：その思想と実践』、鹿島出版会、1997、p.107.

8)　文部科学省、『言語活動の充実に関する指導事例集：思考力、判断力、表現力等の育成
　　に向けて【小学校版】』、教育出版、2011、p.13.

9)　前掲8、p.2.

10)　例えば、『教育科学国語教育』794号（明治図書、2016）では、「育成すべき資質・能
　　力を見据えたアクティブ・ラーニング時代の学習評価」として特集が組まれている。

11)　文部科学省、『小学校学習指導要領解説：総合的な学習の時間編』、東洋館出版社、
　　2008、p.76.

12)　遠藤貴広、「パフォーマンス評価とポートフォリオ評価」、日本教育方法学会（編）、『教

育方法学研究ハンドブック』、学文社、p.366.

13）　同上.

14）　同上.

15）　藤森裕治、「アクティブ・ラーニング時代の学習評価とは：アクティブ・ラーニングの
　　評価法」、『教育科学国語教育』794 号、明治図書、2016、pp.16-21.

16）　文部科学省、『小学校学習指導要領』、東京書籍、2008、pp.112-113.

17）　前掲 16、p.112.

18）　前掲 16、p.17.

第**8**章
サウンド・エデュケーションの未来

第1節　学校教育の多様な教科・領域への導入

　本書では、「『サウンド・エデュケーション（音の教育）』の意義を理論・実践の両面から検討し、目標と評価について新たな知見を構築していく」ことを目的として、探究を進めてきた。その結果、目標についてはサウンド・エデュケーションが「感性の育成」に加えて「自己肯定感の向上」や「他者理解の深化」も目標として成り立つ可能性があることが構造化された。事物・自己・他者に関わる活動を行うことで、現代的課題を乗り越えるための生きる力の育成にも寄与することができるだろう。ここで、第1章第1節に掲げた『幼稚園、小学校、中学校、高等学校及び特別支援学校の学習指導要領等の改善及び必要な方策等について』[1] における 2030 年とその先の社会のあり方を見据えた子ども達に育てたい姿を再掲し、本書で得られた知見と関連付けたい。

　　・社会的・職業的に自立した人間として、我が国や郷土が育んできた伝統や文化に立脚した広い視野を持ち、理想を実現しようとする高い志や意欲を持って、主体的に学びに向かい、必要な情報を判断し、自ら知識を深めて個性や能力を伸ばし、人生を切り拓いていくことができること。
　　・対話や議論を通して、自分の考えを根拠とともに伝えるとともに、他者の考えを理解し、自分の考えを広げ深めたり、集団としての考えを発展させたり、

　他者への思いやりを持って多様な人々と協働したりしていくことができること。

・変化の激しい社会の中でも、感性を豊かに働かせながら、よりよい人生や社会の在り方を考え、試行錯誤しながら問題を発見・解決し、新たな価値を創造していくとともに、新たな問題の発見・解決につなげていくことができること。[2]

　1点目に述べられていることは、「自己肯定感の向上」が土台となって育っていくものと考える。「自立」「高い志や意欲」「主体的」といった言葉からは、その根底に自己肯定感が原動力として働くということが見て取れる。サウンド・エデュケーションでは、正解主義を乗り越えた相対主義的な視点によって自己肯定感を高めることができる。この活動で培った自己肯定感が自立、高い志や意欲、主体性につながり、最終的には人生を切り拓く力となっていくのである。

　2点目は、主に「他者理解の深化」と関わり合っていると言えよう。サウンド・エデュケーションは、多様な考え方や感じ方を包括する活動である。いっそうの共通理解を図るためには、身の回りの音だけでなく、こうした考えや感じ方を「聴く」活動をサウンド・エデュケーションに組み込むことが肝要だと思われる。この活動を繰り返すことによって、他者に対する共感的な姿勢が身に付いていくことが期待される。

　3点目は、直接キーワードとして言及されているが「感性の育成」と直結してくる内容である。日常では当たり前になっていて気付かないことに、サウンド・エデュケーションは耳を傾けることを促す。そこで感じたり考えたりすることを通して、新たな問題を発見しうるし、価値を創造することも可能となるのだと考える。このように、本書で考察を進めてきたサウンド・エデュケーションの新たな目標は、未来の社会を見据えた子ども達に育てたい姿へと重なるのである。

　目標に対応した学習評価については、真正の評価観を軸に、ゴール・フリー評価などの概念を取り入れた柔軟な枠組みが構造化された。『幼稚園、

小学校、中学校、高等学校及び特別支援学校の学習指導要領等の改善及び必要な方策等について』では「子供たち自身が自らの学びを振り返って次の学びに向かうことができるようにするためには、この学習評価の在り方が極めて重要であり、教育課程や学習・指導方法の改善と一貫性を持った形で改善を進めることが求められる」[3] というように学習評価の意義がより強調されている。ここでの答申内容のように、もちろん学習評価だけを独立して捉えるのではなく、諸要素と一体的に一貫性を持った形で考える必要がある。「学習評価については、従来は、学習指導要領の改訂を終えた後に検討を行うことが一般的であったが、資質・能力を効果的に育成するためには、教育目標・内容と学習評価とを一体的に検討することが重要である」[4] とされているのは、その証左であろう。本書で提示された学習評価の柔軟な枠組みは、目標と一体的に構造構成されているため、これから迎えるアクティブ・ラーニング時代にも活用可能である。とりわけ、単純に数値による評定に限らない評価において効力を発揮するだろう。本書の研究は仮説生成型という側面を有するため、さらなる実践などを通じてその仮説を検証していくことが今後の展望として挙げられる。

　今までの学校教育においては、直接的にサウンド・エデュケーションという用語は顕著には使われないものの、学習指導要領における「音楽づくり」との関連性についての研究[5] のように、主に音楽教育の文脈で語られていた。しかし、目標によってはその枠組みを脱構築できる活動になりうることが、本書において示されたと言える。環境教育的に扱えば総合的な学習の時間に、「気付き」に特化すれば生活科に、そして望ましい人間関係に着目すれば学級活動にと、多様な教科・領域等で行うことが可能であると思われる。サウンド・エデュケーションは、まさにサウンドスケープ思想の学際性を発揮できる潜在能力を秘めた教育活動なのである。とりわけ筆者が注目しているのは、道徳におけるサウンド・エデュケーションである。道徳の内容項目は「①主として自分自身に関すること」「②主として他の人とのかかわりに関すること」「③主として自然や崇高なものとのかかわりに関するこ

と」「④主として集団や社会とのかかわりに関すること」の４つから構成されている[6]。本書で検討してきた目標を敷衍させるならば、①で自己肯定感の向上、②、④で他者理解の深化、③で感性の育成をめざすことができるだろう。

　日々の実践における子どもの姿や記述を通して、筆者が予想できないような発想や考えの豊かさに驚き、そこから学ぶことが度々ある。Cumberlandも、18年間に渡り延べ1,000人以上の学生にサウンド・エデュケーションを行ってきた中で、自身のサウンドスケープ観によい影響を与えたと述べている[7]。それだけ、サウンド・エデュケーションは魅力あふれる教育方法なのだ。子どもの成長は長い目で見ることが必要である。感性を育て、自己肯定感を高め、他者理解を深めるということもまた、一朝一夕では難しいだろう。しかし、サウンド・エデュケーションにはその力があると信じている。子どもの未来とサウンド・エデュケーションの未来を見据えて今後も理論と実践を学際的に融合させながら、新たな知見を積み重ねていきたい。

第２節　「聴く」ことから、より豊かな「きく」ことへ

　本書では、サウンド・エデュケーションを主題に論考を積み重ねてきたが、その中でとりわけ「聴く」ということに多くの価値付けがなされたと言える。シェーファーの集中的聴取という言葉に着目されるように、「聴く」ことは能動的な作用である。一方で、第７章第１節にあるように、対話においては能動性と受動性の両義性が見いだされることがある。また、能動的に聴く以前に「意識はしていないが聞こえている」という状態も可能性の１つとして捉えることができよう。そのように考えたとき、「聴く」とも「聞く」とも表現しがたい領野が生じうるのではないだろうか。そこで、こうした意味合いを含め、（平仮名で表現せざるをえないが）音声として「きく」と表記してみると、そこにはより豊かな地平が広がってくるように思われる。そもそも言葉の始まりというものは、書き言葉ではなく話し言葉である。日本

語の源流である大和言葉であっても、漢字、平仮名といった文字文化は後から導入されたものだ。また、言葉は恣意的なもので、例えばアメリカの先住民であるナヴァホ族が話すナヴァホ語は「物を運ぶことをあらわすのに少なくとも10個のちがう動詞を用いる」[8] という。そこには、民族性や文化性が反映されているのである。日本語でも、例えば「春雨（はるさめ）」「五月雨（さみだれ）」「時雨（しぐれ）」「氷雨（ひさめ）」「村雨（むらさめ）」「地雨（じあめ）」など、雨を表現する言葉は豊かであるが、その一方で1つの言葉に多様な意味が含まれているというのもまた、豊かさであると言えるだろう。そこには日本人のある種のおおらかさが見て取れる。大和言葉由来の「きく」には、例えば「聴く、聞く、訊く」だけでなく、現在では随分と意味合いの異なる「利く、効く」といった様々な言葉が含意されていたはずである。そこには、「身体へのしみわたり」という意味合いがその本質として見いだすことができるのではないかと考えている。つまり、音声的な「聴く、聞く、訊く」であれば、単に聴覚だけではなく音の響きが身体へとしみわたるような様相であり、「利く、効く」であればまさに「五臓六腑にしみわたる」ような身体の様相である。現象学で言えば、聴くとも聞くともまだ分化される以前の世界、すなわち「生活世界」に定位していくことが、「きく」ことの豊かさを捉える鍵となろう。

　本書ではサウンド・エデュケーションの実践に対象を焦点化したが、「きく」と捉えてその意味合いを拡張すれば、それは教育活動のいたるところで生じている事柄であると言える。今後の展望としては、全教育活動を対象とした「きく」ことの豊かさを探究したい。具体的には、例えば方法論としては質的研究法の1つであるエピソード記述[9] を用いることによって、現象学的な意味生成を試みることができるだろう。「きく」ことの現象学的解明の道は困難であると思われるが、サウンド・エデュケーションを越えて、新たな「開け」となるような意義や価値を創造していきたい。

注

1) 文部科学省、『幼稚園、小学校、中学校、高等学校及び特別支援学校の学習指導要領等の改善及び必要な方策等について』、http://www.mext.go.jp/b_menu/shingi/chukyo/chukyo0/toushin/__icsFiles/afieldfile/2017/01/10/1380902_0.pdf（2017 年 2 月 1 日アクセス）、2016、243pp.

2) 前掲 1（2017 年 2 月 1 日アクセス）、p.13.

3) 前掲 1（2017 年 2 月 1 日アクセス）、p.60.

4) 前掲 1（2017 年 2 月 1 日アクセス）、p.18.

5) 味府美香・駒久美子、「雑誌『教育音楽』に見る音楽づくりとサウンド・エデュケーションの広がりと変容：1989 年度からの小学版を俯瞰して」、『音楽教育実践ジャーナル』17 号、日本音楽教育学会、2011、pp.98-109.

6) 文部科学省、『小学校学習指導要領解説：道徳編』、東洋館出版社、2008、pp.34-38.

7) Cumberland, M., "Bringing Soundscapes Into the Everyday Classroom", *Soundscape: The Journal of Acoustic Ecology vol.2 no.2*, World Forum for Acoustic Ecology, 2001, pp.16-20.

8) ベイカー、M.C.（著）、郡司隆男（訳）、『言語のレシピ：多様性にひそむ普遍性をもとめて』、岩波書店、2003、p.8.

9) 鯨岡峻、『エピソード記述入門：実践と質的研究のために』、東京大学出版会、2005、278pp.

あ と が き

　私は自身が小学生の頃から、小学校教員になることを志していました。一方、学ぶことも好きだったものですから、研究にも関心がありました。大学では小学校免許が取れないため、卒業してから通信制の大学で教員免許を取ろうか、大学院に入って研究の道に進もうか迷ったことをよく覚えています。さんざん逡巡したあげく、最終的には前者を選択しました。とりわけ教育学分野を探究するのであれば、いきなり大学院に進んでも机上の空論になってしまわないか、やはり現場や実践で経験を積んだ方が身をもって学ぶことができるのではないか、という思いがそこにはあったのです。

　教員になる際、「教育」「研究」「表現」を三本柱として人生の指針にしようと決めました。現場では大変やりがいがあり、おかげさまで今でも充実した毎日を送っています。最初の数年はなかなか研究に取り組めませんでしたが、サウンド・エデュケーションと出会うことでテーマが明確になりました。そして、なんとか30歳までに自力で査読付きの論文を1本書こうと目標を設定したのです。研究に関して指導していただく方はもちろんおらず、学術書や論文をひたすら読みながら試行錯誤の日々。研究とは孤独なものよ、とひとりごちたものです。査読コメントは、苦しくも鍛えられる、大変有益な学びの機会でした。そうしてようやく論文が受理された通知が来たときには、あきらめずに取り組めば目標は実現するものだなあと、小躍りして喜びました。

　そして掲載論文が2本、3本と増えるうちに、次は今までの研究を体系的にまとめてみたいという思いに駆られました。そこで、勤務に支障のないよう考えて、通信制の大学院に進むことにしたわけです。現場で10年以上経ってから改めて教育理論を学ぶことは、大学からそのまま大学院に進学したのでは見えてこないものが得られたように思います。理論と実践の橋渡し

のような存在になりたいという思いが、ますます強くなりました。

　そういうわけで、明星大学通信制大学院教育学研究科教育学専攻博士前期課程での研究成果を修士論文としてまとめたものが本書となります。同専攻教授　板野和彦先生には、研究の遂行と論文の作成にあたり、温かく見守っていただきながら、懇切丁寧なご指導を賜りました。深く感謝申し上げます。とりわけ、第3章に登場するJ＝ダルクローズについて、先生の見識の豊かさと奥深さには、感嘆するばかりでした。また、板野研究室のメンバーには建設的なご助言を頂き、視野を広げることができました。ありがとうございました。

　そして本書における研究は、何といっても授業実践対象である子ども達や、協力してくださる同僚の方々がいなければ成り立たないものでした。心から謝意を表します。

　本書の刊行にあたっては、出版事情の厳しい昨今であるにもかかわらず、大学教育出版の佐藤守さんに本書の企画を快く受けていただきました。出版に至るまでのご尽力に感謝いたします。

　今後も、「教育」「研究」「表現」の三本柱を体現すべく、そして、理論と実践の橋渡しとなれるような存在をめざして、さらなる精進を積み重ねていきたいと思います。読者の皆さま、最後までお付き合いいただき、ありがとうございました。

　2017年2月

神林　哲平

引用・参考文献

阿部治、「生涯学習としての環境教育」、『子どもと環境教育』、東海大学出版会、1993、pp.2
　-16.

阿部治、「プロジェクト研究『持続可能な開発のための教育』：経緯と成果概要」、『環境教
　育』44 号、日本環境教育学会、2010、p.4-5.

味府美香・駒久美子、「雑誌『教育音楽』に見る音楽づくりとサウンド・エデュケーション
　の広がりと変容：1989 年度からの小学版を俯瞰して」、『音楽教育実践ジャーナル』17 号、
　日本音楽教育学会、2011、pp.98-109.

秋田喜代美・能智正博、『はじめての質的研究法：教育・学習編』、東京図書、2007.

秋田喜代美、「言語活動の熟達に向けて」、『教育研究』66-8 号、筑波大学附属小学校、
　2011、pp.22-23.

朝倉淳・松本謙一・津川裕、「生活科における気付き」、『せいかつか＆そうごう』20 号、日
　本生活科総合的学習教育学会、2013、pp.34-41.

ベイカー、M.C.（著）、郡司隆男（訳）、『言語のレシピ：多様性にひそむ普遍性をもとめて』、
　岩波書店、2003.

Campbell, P.S., "Deep listening to the musical world", *Music Educators Journal vol.92
　no.1*, the Music Educators National Conference, 2005, pp.30-36.

力石泰文・土田義郎、「サウンド・エデュケーションの構築に関する研究：既往教育プログ
　ラムの分類・整理」、『サウンドスケープ』2 号、日本サウンドスケープ協会、2000、pp.9
　-14.

チョクシー、L.・エイブラムソン、R.・ガレスピー、A.・ウッズ、D.（著）、板野和彦（訳）、
　『音楽教育メソードの比較：コダーイ、ダルクローズ、オルフ、C・M』、全音楽譜出版社、
　1998.

コーネル、J.B.（著）、吉田正人・辻淑子・晶田みづほ（訳）、『ネイチャーゲーム 1』、柏書
　房、1986.

Cumberland, M., "Bringing Soundscapes Into the Everyday Classroom", *Soundscape:
　The Journal of Acoustic Ecology vol.2 no.2*, World Forum for Acoustic Ecology, 2001,
　pp.16-20.

遠藤盛男、「スイス国民学校の発展過程に関する一考察：第 20 世紀前半における教育思潮を
　中心として」、『鳥取大学教育学部研究報告 教育科学 第 17 巻 第 2 号』、鳥取大学、1975、
　pp.319-331.

遠藤貴広、「パフォーマンス評価とポートフォリオ評価」、日本教育方法学会（編）、『教育方

144

法学研究ハンドブック』、学文社、pp.366-369.

フリック、U.（著）、小田博志（訳）、『質的研究入門：〈人間の科学〉のための方法論』、春秋社、2011.

フリード＝ギャロッド、J.（著）、今田匡彦（訳）、「カナダでのサウンド・エデュケーション：教室のサウンドスケープは今」、『音楽教育実践ジャーナル』17号、日本音楽教育学会、2011、pp.25-31.

藤井信英、「高等学校での『地球温暖化／気候変動』の授業分析」、『環境教育』22号、日本環境教育学会、2002、pp.26-34.

藤森裕治、「アクティブ・ラーニング時代の学習評価とは：アクティブ・ラーニングの評価法」、『教育科学国語教育』794号、明治図書、2016、pp.16-21.

降旗信一、「環境教育実践としてのネイチャーゲームの成立と発展」、『環境教育』24号、日本環境教育学会、2003、pp.3-14.

降旗信一、「特集 環境教育学の構築をもとめて：学会20年の到達点と展望（1）」、『環境教育』41号、日本環境教育学会、2009、p.52.

降旗信一、「環境教育研究の到達点と課題」、『環境教育』43号、日本環境教育学会、2010、p.76-87.

原子栄一郎、「環境教育というアイディアに基づいて環境教育の学問の場を開く」、『環境教育』43号、日本環境教育学会、2010、pp.88-101.

長谷川有機子、「環境教育イヤー・ゲームの現代的役割」、『サウンドスケープ』3号、日本サウンドスケープ協会、2001、p.7-9.

Hickey, M., "Can improvisation be 'taught'?: A call for free improvisation in our schools", *International Journal of Music Education vol.27 no.4*, International Society for Music Education, 2009, pp.285-299.

平松幸三、「サウンドスケープの環境観」、『サウンドスケープ』1号、日本サウンドスケープ協会、1999、pp.8-11.

平松幸三・鳥越けい子・土田義郎・結城正美、「現代社会とサウンドスケープ：第1回座談会『サウンドスケープとの出会い』」、『サウンドスケープ』8号、日本サウンドスケープ協会、2006、pp.1-14.

菱田尚子・野田敦敬、「気付きの質を高める指導に関する研究」、『せいかつか＆そうごう』18号、日本生活科総合的学習教育学会、2011、pp.88-95.

星野圭朗、『創って表現する音楽学習：音の環境教育の視点から』、音楽之友社、1993.

フッサール、E.（著）、ランドグレーベ、L.（編）、長谷川宏（訳）、『経験と判断』、河出書房新社、1975.

フッサール、E.（著）、細谷恒夫・木田元（訳）、『ヨーロッパ諸学の危機と超越論的現象学』、中央公論新社、1995.

池田清彦、『構造主義科学論の冒険』、講談社、1998.

池田清彦・上田修司・西條剛央、「21 世紀の思想のあり方」、『現代のエスプリ』475 号、至文社、2007、pp.7-32.

池田仁人・戸北凱惟、「低学年児童の『気付き』の表現に関する研究：生活科におけるオノマトペの機能」、『理科教育学研究』45-3 号、日本理科教育学会、2005、pp.1-10.

石出和也、「〈環境への音楽〉を志向する音楽教育実践」、『サウンドスケープ』6 号、日本サウンドスケープ協会、2004、pp.75-83.

石井晧、「サウンドスケープと環境教育」、『日本音響学会誌』52 号、日本音響学会、1996、pp.800-804.

岩本泰・原子栄一郎・古田悦造、「『環境教育指導資料（中学校・高等学校編）』の内容分析：関連・連携の視点から」、『環境教育学研究』10 号、東京学芸大学、2000、pp.13-22.

Jaques-Dalcroze, E., *La réforme de l'enseignement musical à l'école*, Schweizerischer Tonkünstlerverein, 1905.

ジャック＝ダルクローズ、E.（著）、山本昌男（訳）、『リズムと音楽と教育』、全音楽譜出版社、2003.

梶田美香、「音楽教育哲学から鑑賞教育への示唆」、『人間文化研究第 9 号』、名古屋市立大学大学院人間文化研究科、2008、pp.127-140.

神林哲平・森川靖・佐古順彦、「地域・学校特性及び発達段階からみた環境教育の実態：埼玉県内の公立小学校を対象に」、『環境教育』25 号、日本環境教育学会、2003、pp.40-47.

環境省、『「いい感じ」のまちづくり：感覚環境のモノサシをまちづくりに織り込むために』、環境省、2008.

木村光男、「生活科栽培活動における気付きの生成と展開：『思考を経た気付き』に視点をあてて」、『せいかつか＆そうごう』15 号、日本生活科総合的学習教育学会、2008、pp.76-83.

小林辰至・山田卓三、「環境教育の基盤としての原体験」、『環境教育』4 号、日本環境教育学会、1993、pp.28-33.

小玉敏也・阿部治、「『持続可能な開発のための教育』に向けた環境教育における『参加型学習』概念の検討」、『環境教育』31 号、日本環境教育学会、2006、pp.45-55.

国立教育政策研究所教育課程研究センター、『環境教育指導資料：小学校編』、東洋館出版社、2007.

小松正史、「主観的音聴取作業に基づいたサウンドスケープ調査：沖縄・鳩間島のフィールドワークから」、『サウンドスケープ』1 号、日本サウンドスケープ協会、1999、pp.79-88.

小澤紀美子・鈴木善次・川嶋直・木俣美樹男・高城英子・田邊龍太・谷口文章・山田卓三・渡辺隆一、「座談会　過去に学び、今を知り、未来を探る：日本環境教育学会の 20 年か

ら」、『環境教育』41 号、日本環境教育学会、2009、pp.53-67.

鯨岡峻、『エピソード記述入門：実践と質的研究のために』、東京大学出版会、2005.

栗木隆雅・野田敦敬、「生活科の教科的特徴と自己肯定感の関係性について」、『愛知教育大学研究報告：教育科学編』62 号、愛知教育大学、2013、pp.1-9.

桑子敏雄、『感性の哲学』、日本放送出版協会、2001.

McGinley, R., "Stockholm Soundscape Project：New Directions in Music Education", *Soundscape: The Journal of Acoustic Ecology vol.2 no.2*, World Forum for Acoustic Ecology, 2001, pp.25-29.

メルロ＝ポンティ、M.（著）、中島盛夫（訳）、『知覚の現象学』、法政大学出版局、1982.

三阪和弘、「環境教育における心理プロセスモデルの検討」、『環境教育』25 号、日本環境教育学会、2003、pp.3-14.

三石初雄、「小学校環境教育カリキュラムの編成原理の考察」、『環境教育学研究』14 号、東京学芸大学、2004、pp.1-15.

文部科学省、『小学校学習指導要領』、東京書籍、2008.

文部科学省、『小学校学習指導要領解説：総則編』、東洋館出版社、2008.

文部科学省、『小学校学習指導要領解説：生活編』、日本文教出版、2008.

文部科学省、『小学校学習指導要領解説：道徳編』、東洋館出版社、2008.

文部科学省、『小学校学習指導要領解説：総合的な学習の時間編』、東洋館出版社、2008.

文部科学省、『言語活動の充実に関する指導事例集：思考力、判断力、表現力等の育成に向けて【小学校版】』、教育出版、2011.

文部科学省、『幼稚園、小学校、中学校、高等学校及び特別支援学校の学習指導要領等の改善及び必要な方策等について』、
http://www.mext.go.jp/b_menu/shingi/chukyo/chukyo0/toushin/__icsFiles/afieldfile/2017/01/10/1380902_0.pdf（2017 年 2 月 1 日アクセス）、2016.

中田基昭、『感受性を育む：現象学的教育学への誘い』、東京大学出版会、2008.

ニーチェ、F.（著）、秋山英夫（訳）、『悲劇の誕生』、岩波書店、1966.

日本教育方法学会（編）、「質的研究方法」、『教育方法学研究ハンドブック』、学文社、2014、pp.70-97.

日本ネイチャーゲーム協会、『学校で役立つネイチャーゲーム 20 選』、明治図書、1997.

西田治、「サウンド・エデュケーションの目指すもの：『世界の調律』からの解読」、『音楽教育実践ジャーナル』17 号、日本音楽教育学会、2011、pp.110-119.

野上俊之、「即興演奏の意義：リトミックにおけるアプローチ」、『比治山女子短期大学紀要第 25 号』、比治山学園、1991、pp.61-71.

野中健一、「昆虫試食からわかった人間と環境との関係理解に向けた『感覚知』の重要性」、『環境教育』21 号、日本環境教育学会、2001、pp.30-37.

野波健彦・池上敏、「創造的音楽学習の系譜（Ⅰ）：子どもの主体性・創造性を重視した総合的な音楽学習を構想するために」、『研究論叢　第41巻　第3部』、山口大学教育学部、1992、pp.225-230.

野波健彦・池上敏、「創造的音楽学習の系譜（Ⅱ）：子どもの主体性・創造性を重視した総合的な音楽学習を構想するために」、『研究論叢　第42巻　第3部』、山口大学教育学部、1992、pp.391-400.

野波健彦・池上敏、「創造的音楽学習の系譜（Ⅲ）：創造的音楽学習が日本の学校音楽教育とその教員養成にもたらした成果と課題」、『研究論叢　第55巻　第3部』、山口大学教育学部、2005、pp.251-264.

荻原彰、「教育改革と環境教育の関係に対する教師の意識についての研究：三重県の小中高等学校を事例として」、『環境教育』37号、日本環境教育学会、2008、pp.25-34.

Robottom, I. and Hart, P., *Research in environmental education: Engaging the debate*, Deakin University, 1993.

西條剛央、『構造構成主義とは何か：次世代人間科学の原理』、北大路書房、2005.

西條剛央、「メタ理論を継承するとはどういうことか？：メタ理論の作り方」、『構造構成主義研究1：現代思想のレボリューション』、北大路書房、2007、pp.11-27.

西條剛央、『質的研究とは何か：SCQRM（スクラム）ベーシック編』、新曜社、2007.

齊藤和貴・小林宏己、「子どもの時間意識の分析を通した気付きの質的高まりの研究：植物栽培単元『春にさくお花を育てよう』（1年生）を通して」、『せいかつか＆そうごう』15号、日本生活科総合的学習教育学会、2008、pp.84-91.

斎藤一次・平田公子・降矢美彌子、「教員養成大学における音楽教育の現代化の課題：小学校課程の音楽教育　そのⅠ」、『福島大学教育実践研究紀要第3号』、福島大学教育学部附属教育実践研究指導センター、1983、pp.103-114.

佐島群巳、「『総合的学習』における基礎・基本」、『帝京短期大学紀要』13号、帝京短期大学、2004、pp.25-40.

佐々木正人、『アフォーダンス入門』、講談社、2008.

Schafer, R.M., *The Composer in the Classroom*, BMI Canada Limited, 1965.

Schafer, R.M., *Creative Music Education: A Handbook for the Modern Music Teacher*, A Division of Macmillan Publishing Co., Inc., 1976.

シェイファー、M.（著）、高橋悠治（訳）、『教室の犀』、全音楽譜出版社、1980.

シェーファー、R.M.（著）、鳥越けい子・若尾裕・今田匡彦（訳）、『サウンド・エデュケーション』、春秋社、1992（新版2009）.

シェーファー、R.M.・今田匡彦、『音さがしの本：リトル・サウンド・エデュケーション』、春秋社、1996（増補版2009）.

シェーファー、R.M.（著）、鳥越けい子・小川博司・庄野泰子・田中直子・若尾裕（訳）、

『世界の調律：サウンドスケープとはなにか』、平凡社、2006.

シェーファー、C.・フィールダー、E.（著）、遠州尋美・遠州敦子（訳）、『シティ・サファリ：子供の都市探検のためのガイド』、都市文化社、1989.

柴田義松・山﨑準二（編）、『教育の方法と技術』、学文社、2005.

清水典子、「気付きの質が高まる生活科学習の構成：『書くこと』に焦点をあてて」、『せいかつか＆そうごう』21号、日本生活科総合的学習教育学会、2014、pp.64-73.

庄野進、「サウンドスケープをめぐる思想」、『環境技術』19-7号、環境技術学会、1990、pp.420-424.

外谷和、『サウンドスケープの学校導入への可能性』、弘前大学大学院教育学研究科修士論文、2005.

Sousa, M.R., "Music, Arts and Intercultural Education: The Artistic Sensibility in the Discovery of the other", *Journal of Science and Technology of the Arts vol.3 no.1*, Portuguese Catholic University, 2011, pp.38-48.

鈴木秀樹・鈴木珠奈、「自然の中で音を聴く」、『騒音制御』31-1号、日本騒音制御工学会、2007、pp.53-55.

高城英子・原子栄一郎、「アクションリサーチによる中学3年生理科における環境教育の授業実践研究：生徒の環境に対する意識の変化をとらえながら」、『環境教育』25号、日本環境教育学会、2003、pp.31-39.

高橋俊吾、「新『環境教育指導資料』の活用に対する期待と今後の課題」、『環境教育』36号、日本環境教育学会、2007、pp.55-60.

高浦勝義、『指導要録のあゆみと教育評価』、黎明書房、2011.

武田富美子、「『米軍基地と環境問題』をテーマに即興劇をつくる：教職をめざす学生による授業」、『環境教育』41号、日本環境教育学会、2009、pp.42-51.

田中耕治、「目標達成アプローチ」、日本教育方法学会（編）、『日本の授業研究（下巻）：授業研究の方法と形態』、学文社、2009、pp.72-82.

田中耕治、「教育評価」、日本教育方法学会（編）、『教育方法学研究ハンドブック』、学文社、2014、pp.182-185.

鳥越けい子、『サウンドスケープ：その思想と実践』、鹿島出版会、1997.

鳥越けい子、「サウンドスケープ」、日本音楽教育学会編、『日本音楽教育事典』、音楽之友社、2004、pp.393-397.

豊島禎廣・庭瀬敬右、「中学生の創造的態度についての研究：『原体験』と学力との関連を通して」、『理科教育学研究』41-2号、日本理科教育学会、2000、pp.1-8.

坪能由紀子、「創造的な音楽学習からみたサウンド・エデュケーション」、『音楽教育実践ジャーナル』17号、日本音楽教育学会、2011、pp.40-47.

土田義郎、「サウンドエデュケーションの技法：基本的考え方と応用例」、『騒音制御』31-1

　　号、日本騒音制御工学会、2007、pp.26-30.

都留覚、『調べ学習：五感を使って「まち」を見直すシティサファリ』、学事出版、2004.

海上知明、『環境思想：歴史と体系』、NTT 出版、2005.

山田卓三、「理科のベースとなる自然体験：原体験、この『無用の用』の重要性」、『初等理
　　科教育』36-8 号、日本初等理科教育研究会、2002、pp.14-17.

山岸美穂、「特集感性・想像力・サウンドスケープ：本特集の趣旨をめぐって」、『サウンド
　　スケープ』3 号、日本サウンドスケープ協会、2001、pp.1-2.

山口一郎、『現象学ことはじめ：日常に目覚めること』、日本評論社、2002.

山野てるひ・岡林典子・鷹木朗（編）、「人物からせまる！『感性』の教育史」、『感性をひら
　　いて保育力アップ！「表現」エクササイズ＆なるほど基礎知識』、明治図書、2013、pp.13
　　-27.

吉田収・有村さやか、「保育者養成における表現の教育についての一考察：『五感を使った表
　　現』の授業の試み」、『小田原女子短期大学研究紀要』41 号、小田原女子短期大学、2011、
　　pp.49-57.

ウェスターカンプ、H.（著）、今田匡彦（訳）、「解き放たれた耳：サウンドスケープ・リス
　　ニングの 40 年を巡って」、『音楽教育実践ジャーナル』17 号、日本音楽教育学会、2011、
　　pp.10-19.

初出一覧

本書は以下の論文をもとに、大幅に加筆修正したものである。

神林哲平、「環境教育におけるサウンドエデュケーションの意義：小学校における授業実践の評価を通して」、『環境教育』41 号、日本環境教育学会、2009、pp.17-28.（第 4 章）

神林哲平、「構造構成的サウンドスケープ論：サウンドスケープ研究における原理的な共通理解に向けて」、『サウンドスケープ』12-2 号、日本サウンドスケープ協会、2011、pp.27-36.（第 2 章、第 4 章）

神林哲平、「環境教育における原理的な共通理解のためのメタ理論『構造構成的環境教育モデル（SCEEM）』の構築：五感を用いた授業実践を応用例として」、『環境教育』50 号、日本環境教育学会、2012、pp.39-52.（第 2 章、第 5 章）

神林哲平、「サウンド・エデュケーションのねらいに関する実践的研究：現代的課題に応じた新たな可能性を探る」、『サウンドスケープ』15-2 号、日本サウンドスケープ協会、2015、pp.82-91.（第 7 章）

神林哲平、「生活科におけるサウンド・エデュケーションの意義と可能性：『気付き』の観点からの授業実践分析を通して」、『早実研究紀要』50 号、早稲田実業学校、2016、pp.41-54.（第 6 章）

神林哲平、「従来の音楽教育の超克を目指した方法論に関する研究：J＝ダルクローズとシェーファーの教育方法を比較して」、『ダルクローズ音楽教育研究』41 号、日本ダルクローズ音楽教育学会、2017、pp.1-13.（第 3 章）

■著者紹介

神林　哲平　（かんばやし　てっぺい）

1979 年生まれ。修士（教育学）。
現在、早稲田実業学校初等部教諭。
著書に『「きく」ことからの学び：友達も自分も好きになる教育をめ
ざした 20 のアイディア』（文藝書房、2015 年）がある。

音の教育がめざすものは何か
― サウンド・エデュケーションの目標と評価に関する研究 ―

2017 年 7 月 25 日　初版第 1 刷発行

■著　　　者───神林哲平
■発 行 者───佐藤　守
■発 行 所───株式会社 大学教育出版
　　　　　　　　〒 700-0953　岡山市南区西市 855-4
　　　　　　　　電話（086）244-1268　FAX（086）246-0294
■印刷製本───モリモト印刷㈱

ISBN978 − 4 − 86429 − 458 − 4